Der Raths-Apotheker
Joh. Friedr. Westrumb (1751-1819)
Leben und Wirken
im Hamelner *Hochzeitshaus*

Dr. Joh. Friedr. Westrumb
Königl. Bergcommißair u. Apotheker
zu Hameln
geboren zu Northen am 2ten Dec. 1751.
gest. zu Hameln am 31ten Dec. 1819.

Georg Schwedt

2019

Bibliografische Information der Deutschen Nationalbibliothek:
Die Deutsche Nationalbibliothek verzeichnet diese Publikation
in der Deutschen Nationalbibliografie; detaillierte
bibliografische Daten sind im Internet über http://dnb.dnb.de
abrufbar.

© 2019 Georg Schwedt

Herstellung und Verlag: BoD – Books on Demand, Norderstedt

ISBN: 978-3-7481-9146-9

Hameln: Hochzeitshaus mit dem Eingang zur ehemaligen
Raths-Apotheke links

INHALT

VORWORT und EINFÜHRUNG

AUGUST WESTRUMB, der Sohn des Raths-Apothekers Joh. Friedr. Westrumb, wurde am 19. Oktober 1798 in Hameln geboren. Im „Hof- und Staatshandbuch für das Königreich Hannover" wird er 1846 unter *Wunstorf* als „Medicinal-Rath D. Westrumb, Landphys. (in d. A. Rehburg, Ricklingen, dem Ger. Loccum u. einem Theil d. A. Blumenau-Bokeloh)" aufgeführt. Im selben Handbuch wird sein Todestag mit dem 25. April 1856 angegeben. Bekannt wurde er durch seine „Physiologischen Untersuchungen über die Einsaugkraft der Venen" (Hannover 1825) und seine Arbeiten über Parasiten (Wurmerkrankungen 1821). 1831 veröffentlichte er einen umfangreichen Beitrag zur „Geschichte des Cathetarismus der Eustachischen Trompete". Er war „Der Medicin und Chirurgie Doctor und der Gesellschaft zur Beförderung der gesammten Natur-Wissenschaften zu Marburg Mitgliede". Anfänglich soll er in Marburg praktiziert haben; er wurde 1837 Hofmedicus und Landphysikus im Stiftsgericht Loccum und 1843 Medicinalrath in Wunstorf. 1825 – als der Bericht über seinen Vater erschien – gibt er noch als Wirkungsort Hameln an, (1827, s. S. 192, ist Hannover genannt).

August Westrumbs Nekrolog (Nachruf) über seinen Vater erschien in „Neues vaterländisches Archiv oder Beiträge der allseitigen Kenntniß des Königsreichs Hannover und des Herzogthums Braunschweig" (Lüneburg 1825).

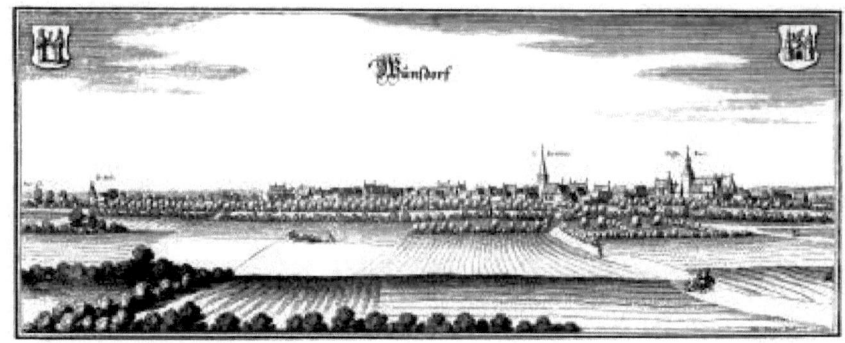

Wunstorf in der zweiten Hälfte des 17. Jahrhunderts (Merian-Stich)

Ich haben seinen Text behutsam der Sprache unserer Zeit angepasst und in die persönliche Form, d.h. mit dem Gebrauch „mein Vater" umgewandelt.

Über die Herkunft, Jugend und Ausbildung des Hamelner Ratsapothekers hat sein Sohn ihn selbst aus dem „Handbuch der Apothekerkunst" zitiert – diesen Text schicke ich voran – mit Ergänzungen, die sich aus meinen Recherchen ergeben haben.

Aus dem Wirken als Apotheker – auch als Lehrherr im Hinblick auf später bedeutende Apotheker – und vor allem als Chemiker habe ich einige Texte zu den Mineralwasser-Analysen (Pyrmont, Driburg, Eilsen und Selters in Niederselters bei Limburg – heute mit einem sehenswerten Museum), zur Herstellung von Branntwein sowie zum Thema Blei in Glasuren der Töpferware und zum Bleichen von Leinen ausgewählt, die den Stil seiner Veröffentlichungen charakterisieren. Diese Texte wurden überwiegend in der Originalschreibweise wiedergegeben und auch mit Ergänzungen und Kommentaren versehen.

Herkunft, Jugend und Ausbildung

Unter die ausgezeichnetsten Gelehrten, welche Deutschland im achtzehnten Jahrhunderte hervorbrachte, gehört nach der Meinung zahlreicher Kollegen ganz offensichtlich mein verstorbener Vater, der Berg-Commissair Dr. *Johann Friedrich Westrumb*. Mag nachstehende Skizze seines Lebens hier ihren Platz finden, und dazu beitragen, das Andenken dieses Mannes aufzufrischen, dessen talentvoller Geist hauptsächlich mit die Bahnen eröffnete und ebnete, auf welchen die Pharmazie und die Chemie in den letzteren Jahrzehnten mit Riesenschritten ihrer höheren Entwicklung entgegen geeilt ist.

Über seine Jugend und Lehrzeit hat mein Vater selbst berichtet:

Merian-Stich von Nörten

In dem kleinen Flecken Nörten bei Göttingen kam ich am 2. Dezember 1751 auf die Welt. Mein Vater war Wundarzt in einem kurhannöverschen Dragonerregiment, meine Mutter eine geborene Hantelmann, die leider früh verstarb. Nur wenige Jahre lebte ich bei meiner Familie in Nörten. Ich erinnere mich an die

Burgruine oberhalb des Ortes und an das Schloss, das am Fuße des Burgberges entstanden war. Hier wohnte die gräfliche Familie von Hardenberg, die eine berühmte Kornbrennerei betrieb. Die Veredelung des Kornbranntweins sollte mich viele Jahre später auch in der Praxis beschäftigen.

Nach dem Tod meiner Mutter kamen mein Bruder und ich zu unserem Onkel Heinrich Hantelmann in Dannenberg, der dort Vorsteher des Kirchensprengels, Archidiakon genannt, geworden war. Der strenge und fromme Mann unterrichtete uns vor allem in Religion, aber lernte ich von ihm auch so viel Latein, dass ich später mit erweiterten Kenntnissen sogar ein in Latein geschriebenes botanisches Werk übersetzen konnte. Dort beeindruckte mich der große Fluss Elbe. Der Ort bestand nur aus einem einzigen Straßenzug mit einem Marktplatz. Sonntags besuchten wir den Gottesdienst in der St.-Johannis-Kirche im Stadtzentrum. In der Nähe der Kirche befand sich die Ratsapotheke und dort wohnte auch der Arzt der Stadt, Landphysikus genannt. Das Schloss der Braunschweiger Herzöge war 1720 abgebrannt und dessen erhalten gebliebenen Teile wurden nur noch als Amtshaus genutzt, bis auch diese 1776 endgültige abgerissen wurden – auf dem Merianstich von 1654 ist das Schloss noch zu sehen.

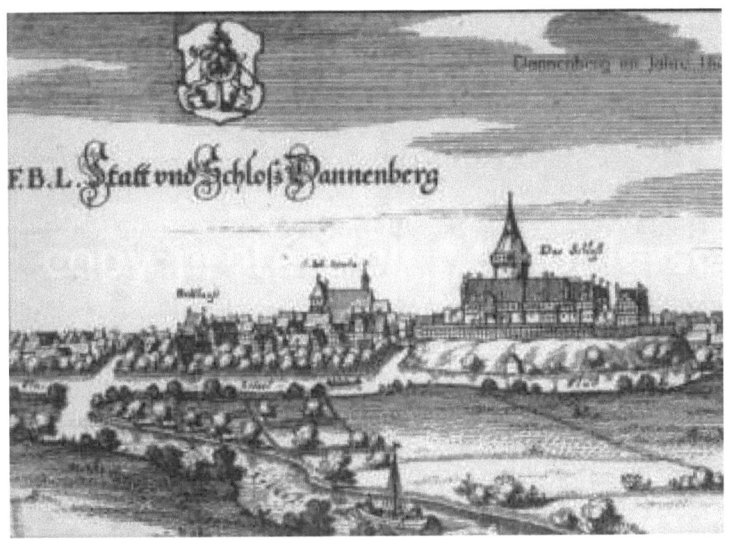

Ausschnitt der Merianstichs von Dannenberg

In meiner Schulzeit, die nur bis in das 14. Lebensjahr währte, las ich eine Unmenge an Büchern. Meine schon früh erkannten Neigungen zur Natur und speziell auch zum Apothekenwesen veranlassten meinen Vater, mir eine Lehrstelle in einer Apotheke zu verschaffen.

Und so gelangte ich 1764 in das Kurhannover, in dem weder ein Kurfürst noch der eigentliche Herrscher König Georg III. residierten. Seit 1714 bestand eine Personalunion Hannovers mit Großbritannien. Das deutsche Stammland der Dynastie Hannover war ein selbständiges Kurfürstentum im deutschen Reichsverband. Georg III. wurde in England geboren und kam nie nach Hannover. Sein Großvater Georg August dagegen, als englischer König Georg II., besuchte seine Stammlande Hannover

9

noch häufig. Nach ihm wurde die 1737 gegründete Universität in Göttingen benannt.

Als ich 1764 als Apothekerlehrling nach Hannover kam, war die Siebenjährige Krieg gerade mit dem Frieden von Hubertusburg 1763 beendet worden. 1757 wurden auch die Hannoverschen Lande von den Franzosen angegriffen. Dem Prinzen Ferdinand von Braunschweig war es jedoch gelungen, die Kurlande von der französischen Besetzung zu befreien. Drei Jahre nach dem Regierungsantritt von König Georg III. 1760 war für Hannover der territoriale Vorkriegszustand wieder hergestellt.

Ich kam in die Hofapotheke, die 1680 gegründet worden war, als Herzog Ernst August von Braunschweig-Calenberg den Apotheker Christian Jäger nach Hannover berief. Der Herzog war 1662 Fürstbischof von Osnabrück geworden und residierte wie seine Vorgänger auch im südlich der Stadt gelegenen Schloss von Osnabrück, das ihm für seine Ansprüche aber offensichtlich nicht genügte. Er kaufte 1667 ein Gelände in der Neustadt von Osnabrück und begann mit dem Bau eines vierflügeligen Schlosses im Stil des Barock. In dieser Zeit betrieb der Apotheker Jäger auf Schloss Iburg bei Osnabrück die dortige Hofapotheke. Als Ernst August die Nachfolge seines älteren, 1679 verstorbenen Bruders Johann Friedrich im Herzogtum Calenberg mit der Residenz in Hannover, antreten musste, verließ die Herzogsfamilie Osnabrück und auch der Apotheker zog nun nach Hannover. Als später der Sohn von Ernst August, Kurfürst Georg Ludwig, in Folge der Personalunion mit England 1714 König in England wurde, erhielt Jäger den Titel Königlich Großbritannischer und Churfürstlich Braunschweig Lüneburgischer

Hofapotheker. Als nächste Generation führten die Söhne der Schwester Jägers, Adriane Wilhelmine, die in die in Hamm ansässige Apothekerfamilie Brande eingeheiratet hatte, Christian Heinrich und August Hermann Brande die Hofapotheke weiter. Und zu der Zeit von August Hermann Brande kam ich in die am Steinweg, in der Calenberger Neustadt angesiedelten Apotheke als Lehrling. Der Apotheker Brande wurde jedoch von einem Provisor vertreten, da er in der Londoner Apotheke tätig war. 1766 hieß er Zimmermann, danach Stuhr.

Ich war in meiner Lehrzeit doppelt übel dran. Als Knabe von 13, noch nicht 14 Jahren, trat ich in die Lehre. Meine Vorgesetzten verstanden selbst äußerst wenig. Es fehlte ihnen an der Kunst, das Wenige mitzuteilen, und den armen Boden, den sie bei mir antrafen, zu bebauen und fruchtbar zu machen. Der Unterricht, den ich lange Zeit hindurch genoss, war erbärmlich, und die Bücher, die ich zu lesen bekam, bestanden in der Arznei-Taxe und der Flora francica.

[Georg Franck von FRANCKENAU (1644-1704) war Mediziner und Botaniker, Professor an der Universität Heidelberg und Leibarzt der pfälzischen Kurfürsten. Von ihm stammt das Werk *Flora francica rediciva oder Kräuter-Lexicon* (1713).]

Mein wissbegieriger Geist war damit nicht zufrieden. Ich verfiel auf Abwege und las, was ich schon als Schulknabe gern getan hatte, Reisebeschreibungen, Gedichte, Komödien, Romane und zwar, weil man mir diese Leserei untersagte, jetzt heimlich. Vielleicht liebte ich das Lesen solcher Bücher auch heute noch und triebe es mit demselben Eifer, hätte nicht die gütige Vorsehung, kurz vor Ablauf meiner Lehrzeit, einen äußerst geschickten und fleißigen Mann, den jetzigen Professor Martin Heinrich Klaproth zu Berlin, in unser Haus geführt. Klaproth stammte aus Wernigerode am Harz, hatte in Quedlinburg in der Rats-Apotheke gelernt und kam als Apothekergeselle nach Hannover. In Berlin hat er dann ab 1789 bis heute sieben chemische Elemente entdeckt – darunter das Uran.

Das Beispiel dieses mir werten Mannes, der sich mit dem Studium der lateinischen Schriften des Pharmazeuten Johann Friedrich Cartheuser, Professor an der Universität in Frankfurt an der Oder, des Mediziners, Apothekers und Chemikers Jacob Reinbold Spielmann, Eigentümer der berühmten Hirsch-Apotheke in Straßburg u.a. beschäftigte, und manchen Versuch machte, den die sogenannte Defekttafel nicht gerade vorschrieb, reizte mich zur Nachfolge. Unter Defekttafel verstanden wir in der Apotheke eine Schiefertafel im Vorratsraum oder Laboratorium zum Anschreiben der eine Ergänzung durch Einkauf bzw. Zubereitung benötigten Arzneien, bevor sie verbraucht waren. Auch wurden alle Arbeiten im Laboratorium in ein besonderes Journal, das Defektbuch, eingetragen und dabei zugleich die Quantität der verfertigten Präparate vermerkt.

[Johann Friedrich CARTHEUSER (1704-1777), Professor für Chemie, Pharmazie – materia media (1740-1759), dann für Pathologie und Therapie an der Universität Frankfurt/Oder, veröffentlichte 1753 sein Werk: *Elementa chymiae dogmatico-experimentalis in usum acedimcum.* (2. Aufl., u.a. in der Herzog August Bibliothek Wolfenbüttel.)

Jacob Reinhold SPIELMANN (1722-1781), Apothekerlehrling bei seinem Vater in der Hirsch-Apotheke (gegenüber des Münsters) in Straßburg 1735-1740, studierte Medizin in Straßburg (Dr. med. 1748), wurde 1749

Professor der Medizin und erhielt 1759 den Lehrstuhl für Medizin, Chemie, Botanik und Arzneilehre, mit praktischen Übungen in der Hirsch-Apotheke verbunden.]

Ich befleissigte mich nun emsig mit dem Lesen dieser und anderer wissenschaftlicher Werke. Leider verstand ich sie nicht. Denn teils mangelte es mir an der nötigen Sprach- und Sachkenntnis, teils erhielt ich auch keine Anleitung zu ihrem richtigen Gebrauch. Ich las indessen viele chemische, auch alchemistische, und physikalische Schriften, glaubte durch das viele Lesen ein nicht bloß brauchbarer, sondern hochgelehrter Apotheker zu werden, und hielt mich am Ende für ein neues Licht.

Die Lehrzeit in einer Apotheke im 18. Jahrhundert war eine Zeit der Prüfung, worüber viele meiner Kollegen übereinstimmend berichten. Man musste eine mehrjährige Knechtschaft mit mancherlei Demütigungen ertragen. Nicht alle Beispiele, über die ich hier berichte, habe ich in gleicher Weise erleben müssen, aber doch oft in ähnlicher Form. So sprachen Lehrherren mit uns Lehrlingen nicht anders an als Ihr. Bei Tisch erhielten wir selbstverständlich keine Serviette und schon gar nicht einen silbernen Löffel. Unser jugendliches Haupt war noch nicht würdig, Haarpuder, das Symbol des freien Menschen, zu empfangen. Wenn wir in Diensten des Hauses ausgeschickt wurden, durften wir die Schürze, die wir in der Apotheke trugen, nicht ablegen – sie bezeichnet uns als Lernende und Dienende. Unser Dienst verlangte zunächst lauter mechanische Arbeiten, wie Stoßen, Wurzeln schneiden und dergleichen. Den wissenschaftlichen Teil musste auch ich weniger durch persönliche Unterweisung als durch sorgsames Zusehen und Aufmerksamkeit auf die Handgriffe und Handlungsweisen der übrigen Mitarbeiter erlernen. Der Arzneischatz war damals noch reicher als jetzt. Der Lehrling hatte also viel zu tun, um sich mit der deutschen und lateinischen Nomenklatur so zahlreicher Rohstoffe und zusammengesetzter Arzneien vertraut zu machen. Zu diesem Ende gab man mir einige Arzneitaxen in die Hand, wo (die) ich schon erwähnt habe. Um mich in die Geschäfte des Rezeptarius einzuüben, musste ich demselben als Handlanger dienen. Auch war diesem schon deswegen ein Gehilfe notwendig, weil er manchmal in einem Rezept zehn bis zwanzig Ingredienzien vereinigen musste; diese also hatte ich zusammenzutragen.

So ausgerüstet mit einem Schwall von Worten und den heterogensten Dingen im Kopfe, ohne alle wahre und eigentliche Kenntnis von Warenkunde, Pharmazie, Naturgeschichte und Naturlehre, und ohne etwas mehr, als ein mittelmäßiger praktischer Arbeiter zu sein, ging ich als achtzehnjähriger Mensch ins Ausland, womit vor allem Preußen gemeint ist. Hier fand ich es nicht um ein Haarbreit besser, als zu Hause im Kurfürstentum Hannover. Ich lernte wenig dazu, weil mich das Schicksal nie mit Männern in Verbindung brachte, die weiter waren als ich, oder die eine wahrhaft wissenschaftliche Bildung genossen hatten, und die Ausbildung ihres Geistes, so wie die Vermehrung ihrer Kenntnisse, dem Zeitvertreiben und Totschlagen der Zeit, vorgezogen hätten. Leider verhinderte auch die zu oft ungeheure Menge an Geschäften, die mir an zwei Orten zuteil wurden, und die handwerksmäßige, hier und da nur sklavische Behandlung, unter der ich ungeachtet alles Fleißes leben musste, mich am Fortschreiten, und nahm mir die Zeit und Lust zur Erlernung der höheren Teile unserer Kunst.

Am weitesten trieb es mich von Hannover, wo ich weniger als drei Jahre neben dem verehrten, späteren Professor Klaproth tätig sein konnte, etwa 1770 nach Frankfurt an der Oder. Von dort ging meine Reise zurück nach Westen in die Stadt Brandenburg, wo ich als Geselle in der bereits 1517 gegründeten Raths-Apotheke tätig wurde. 1742 hatte der Apotheker August Büttner diese Apotheke gekauft. 1797 ging sie dann in den Besitz des Apothekers Heinrich Moering aus Stendal über. Weiterhin war ich in der Hofapotheke Zum goldenen Hirsch in Potsdam und in der Alten Apotheke am Markt beim Apotheker Oncken in Peine tätig, bis ich 1773 wieder nach Hannover kam.

Und so hatte mich nun das Schicksal auch für einige Jahre in Häuser geführt, wo mir zum Teil eine weit bessere Behandlung, nebst mehr Muße zuteil geworden war, und wo ich junge wissbegierige Männer fand. Jene Muße nutzte ich, die jungen Männer zu unterweisen, und weil ich die Eingeschränktheit meines Wissens so wie den traurigen Gang meiner pharmazeutischen Ausbildung immer mehr einsehen lernte, legte ich mich mit allem Eifer auf die Erlernung solcher Kenntnisse. Ich wurde zu einem Autodidakten. Was ich heute lernte, das lehrte ich meinen jungen Freunden morgen wieder, bildete mich so selbst, und – wie es seit langer Zeit meine heißester Wunsch gewesen war – half mehreren jungen Männern sich zu bilden oder führte sie wenigstens auf einem kürzeren Wege als der meinige es gewesen war ihrem Ziel näher. Ehrgeiz lag hier freilich, das muss ich gestehen, mit im Spiele. Ich wünschte bei meinen Vorgesetzten und Untergebenen für einen sehr brauchbaren Mann, d.h. Pharmazeuten, zu gelten. Aber dieser Ehrgeiz war wohl verzeihlich, da er niemandem schadete, vielmehr Gutes zur Folge hatte.

Meine Kenntnisse blieben jedoch, aller angewandten Mühe ungeachtet, noch immer mangelhaft, einseitig und unzusammenhängend. Denn obwohl ich in dieser Zeit sieben Jahre, von 1773 bis 1779, die Leitung der großen und angesehen Brandeschen Apotheke in Hannover hatte, in der ich zuvor meine Lehrzeit absolviert hatte, und nun mit Männern aus allen Ständen umging und umgehen musste, so hatte ich doch von diesen allen weniger Vorteil für meine wissenschaftlichen, als merkantilischen Kenntnisse. Im Wissenschaftlichen machte ich nämlich, da ich immer noch zu Vieles und zu viele Bücher untereinander las, und fast keines eigentlich studierte – eine Kunst, die ich damals noch gar nicht verstand – nur geringe, im Merkantilischen meines Faches aber, weil mir alles oblag, ziemlich beträchtliche Fortschritte. Ich bildete mich jedoch insgesamt immer mehr aus und lernte nach und nach den einzigen und wahren Weg kennen, den man wählen muss, wenn man sich zu einem brauchbaren Apotheker ausbilden will.

Gegen Ende dieser meiner Laufbahn lernte ich einen der würdigsten Menschen, den ich je gekannt habe, den mir ewig unvergesslichen Botaniker Jakob Friedrich Erhardt kennen. Ihm verdanke ich außerordentlich viel, vor allem die Kunst, die Schriften anderer mit Nutzen zu lesen, seine eigenen Gedanken richtig zu ordnen und anderen wieder mitteilen zu können. Erhardt hatte in der Nürnberger Kugel-Apotheke gelernt und trat 1770 in die Andreä'sche Apotheke, die zweite Apotheke in Hannovers Neustadt ein, auch Hirsch-Apotheke genannt. Sie wurde nach der Rats-Apotheke 1636 in der Calenberger Neustadt an der sogenannten Kloppenburg gegründet und 1645 von der Familie Andreae übernommen. 1657 wurde sie auf herzoglichen Wunsch verlegt und befand sich in direkter Nachbarschaft zur herzoglichen Hof-Apotheke, in der ich gelernt und nun als Provisor tätig wurde. Ehrhardt wurde vom Apotheker Johann Gerhard Reinhard Andreae, der bereits 1793 verstorben ist, sehr gefördert. Er konnte ab 1774 bei dem berühmten Botaniker und Naturforscher Carl von Linné sowie dem Chemiker Torbern Bergman in Stockholm studieren. Beide sind bereits 1778 bzw. 1784 verstorben. 1776 kehrte Ehrhardt nach Hannover zurück und wurde Hofbotaniker in Herrenhausen. Auch er ist leider schon 1795 verstorben.

Jakob Friedrich EHRHAR(D)T (1742-1795) war schweizerischer Herkunft. Er studierte Naturwissenschaften, absolvierte ab 1765 eine Apotheker-Lehre in Nürnberg und war als Apothekergehilfe in Erlangen, Hannover und Stockholm tätig. Von 1774 bis 1776 war er in Uppsala auch Schüler von Carl von Linné. Ab 1778 begann er in Hannover die Pflanzen-Sammlungen des Apothekers Johann Gerhard Andreae (1724-1793) zu ordnen. 1780 wurde er zum „Königlich Großbritannischen und Churfürstlich Braunschweig-Lüneburgischen Botaniker" ernannt und ab 1780 mit der Erarbeitung einer „Hannoverischen Pflanzengeschichte" beauftragt. 1779 entdeckte er im Limmerholz bei Hannover eine Schwefelquelle. Er wurde Leiter der Herrenhäuser Gärten.

Die Aufzeichnungen meines Vaters zeigen mit seinen eigenen Worten, wie und auf welche Weise sein talentvoller Geist alle Schranken, die sich ihm als Autodidakten entgegen stemmten, zu durchbrechen wusste.

In Hameln fand mein Vater seine Wünsche selbst über seine Erwartung befriedigt. In der Witwe des vorigen Pächters eine liebe, tugendhafte Gattin findend, ward er glücklicher Gatte und Hausvater, und Inhaber einer Apotheke, erwuchs ihm die schönste Gelegenheit, seine festen Vorsätze, Ansichten und Pläne, und die Ratschläge seines treuen Ehrhardt's ausführen und befolgen zu können. Mit ratslosem Eifer und unermüdeter Tätigkeit begann er das Werk, allen handwerksmäßigen Schlendrian aus seiner wichtigen Kunst zu entfernen, seinen Mitarbeitern und Zöglingen väterlicher Freund zu sein, und sich ihre wahre wissenschaftliche Bildung angelegen sein zu lassen. Er scheute keine Mühe, Anstrengung und Kosten, bei den jungen, ihm zur Bildung anvertrauten, Männern wahre Liebe für die ergriffene Kunst zu erwecken, und ihnen einen gründlichen Unterricht in den pharmazeutischen Warenkunde, der Pharmazie, Chemie, Botanik, Mineralogie und Physik erteilen zu können.

Wohl wissend, wie viel eine genaue Kenntnis der in der Pharmazie gebräuchlichen Waren einem Apotheker wert sei, bestrebte er sich, vor allen Dingen seinen Zöglingen eine genaue Kenntnis der pharmazeutischen Warenkunde zu verschaffen. Mit den einzelnen rohen Arzneimitteln in der Hand, lehrte er ihnen Namen, Vaterland, Einsammlungs-Art und –Ort, die Zeichen der Güte und Echtheit, so wie der etwa gebräuchlichen Verfälschungen kennen, und ruhte nicht eher, bis seine Schüler diese erfasst hatten, und im Stande waren, jedes rohe Arzneimittel sogleich zu bestimmen und dessen Güte zu schätzen. Waren seine Zöglinge dieses im Stande, dann ging er zur Lehre der Zoologie, Botanik und Mineralogie über, machte ihnen häufige botanische Exkursionen und benutzte die Abendstunden zum Unterricht in diesen Wissenschaften, wobei ihm seine trefflichen Bücher- und Mineralien-Sammlungen sehr zu Hilfe kamen. Indessen waren diese Wissenschaften für meinen Vater keineswegs die Hauptsache, sondern er betrachtete sie als Sache der Erholung und des Vergnügens.

Hauptsache war ihm der Unterricht der pharmazeutischen Scheidekunst, d.h. der Analyse, und hier ließ er seine Zöglinge, ohne auf die ihm dadurch erwachsenden Kosten zu sehen, einen vollen pharmazeutisch-chemischen Kursus machen, und ohne Unterschied alle Präparate darstellen, wobei er bemüht war, seinen Zöglingen nicht nur den Gang der einzelnen chemischen Prozesse zu erklären, sondern auch die allgemeinen Grundsätze der Chemie zu lehren. Hatte der Schüler diesen Kursus vollendet und zeigte er Lust, noch weiter in der Chemie fortzuschreiten, dann stand es ihm frei, in dem Mußestunden zu feineren chemischen Operationen und Analysen überzugehen, wozu sich fast immer Gelegenheit fand, wegen der vielen von meinem Vater angestellten Analysen und weil er gerne seine feineren chemischen Apparate und Instrumente herlieh. Über diesen Unterricht versäumte mein Vater indessen keineswegs, seinen Zöglingen in den übrigen Arbeiten praktische Anweisung zu geben, sondern auch hier ließ er es sich besonders angelegen sein, die jungen Männern an die größte Pünktlichkeit und Genauigkeit zu gewöhnen. – Doch sein Bestreben ist auch nicht unbelohnt geblieben; ein günstiges Geschick führte fast nur äußerst fleißige, wissbegierige Männer in sein Haus, und erleichterte ihm so das schwierige Werk. Männer, die sich in ihrer Kunst und ihrem Berufe auf die vorteilhafteste Art auszeichnen, bildeten sich unter seinen Augen aus oder vollendeten ihre Bildung, und geben gewiß gern Zeugnis seines rastlosen Eifers und seiner Anstrengung.

Die bloße Ausführung dieser Pläne beschäftigte meinen Vater jedoch nicht allein, sondern kühn auf der sich selbst gebrochenen Bahn fortschreitend, gelang es auch hier seinem hellen und umfassenden Geiste, die sich ihm entgegen stemmenden Schranken zu durchbrechen, und durch seine, den baldigen Meister beurkundenden Schriften und Abhandlungen seinen Ruf als trefflicher Chemiker und Gelehrter zu begründen. Innigst erfreut über die vorteilhafte Aufnahme seiner vielen, aus dem lebhaften Anteile an den gelehrten Verhandlungen in der Chemie hervorgehenden, Schriften und geehrt durch die ihm von mehreren gelehrten Gesellschaften und Akademien werdende Aufnahme unter die Zahl ihrer Mitglieder, und besonders geschmeichelt durch seine Ernennung zum Königl. Berg-Commissair und Mitglied des Commerz-Collegiums in Hannover, ging meines Vaters einziges Streben dahin, sich dieser Auszeichnungen auch fernerhin würdig zu erweisen.

So verlebte mein Vater, von seinen Mitbürgern geehrt, geliebt und geachtet, und selbst im Jahre 1790 zum Senator der Stadt erwählt, von den vaterländischen und fremden Regierungen mehrmals durch Erteilung wichtiger Kommissionen ausge-zeichnet, mit Deutschlands Gelehrten befreundet und korrespondierend, dreiundzwanzig glückliche und zufriedene Jahre, bis 1803 durch die Invasion der Franzosen und das

Einrücken französischer Truppen in Hameln, sein bis dahin ungetrübtes Glück den ersten, dafür aber auch um so stärkeren und noch bis zu seinem Ende fortwirkenden Stoß erhielt. Als wahrer Patriot und für seine Wissenschaft glühender Mann, war es ihm höchst unangenehm, durch seine öffentlichen Ämter gezwungen, mit den französischen Behörden in weitläufige, zeitraubende Verbindungen treten zu müssen. Gern hätte er sich in der Stille seines geschäftsreichen Privatlebens zurückgezogen, allein sein biederer Bürgersinn litt dieses nicht, und so höchst unangenehm es ihm auch war, unterzog er sich denn mit Eifer den öffentlichen Geschäften.

Auf diese Art jedoch von seiner bis dahin mit dem glühendsten Eifer verfolgten Bahn abgebracht, wollte es mein Vater, dessen Gesundheit überdies seit den chemischen Bleichversuchen wankend geworden war, und fortan durch übergroße Anstrengungen, häufige Nachtwachen und mannigfachen Verdruss und bittere Kränkungen erschüttert wurde, nicht recht gelingen, in der durch die 1805 erfolgte Abtrennung Hannovers an Preußen, seinem Leben gegebenen Ruhe, nur für seine Wissenschaft wieder leben und weben zu können. Überdies war diese Zeit zur kurz und die darauf folgende traurige Katastrophe in jenen unglücklichen November-Tagen des Jahres 1806, wo Hannover ohne Schwertschlag in die Hände der Franzosen überging, mehr als hinreichend, um Jeden aus seiner Ruhe aufzuschrecken und für die Zukunft besorgt zu machen. Ein finsteres lebenssattes Wesen bemächtigte sich seiner, und trübte nur zu sehr den hellen Spiegel seiner Seele, wodurch selbst seine Liebe für die Wissenschaft, wo nicht erstarb, doch erkaltete. –

Nach der Schlacht bei Jena und Auerstädt (14. Oktober 1806) kapitulierte Hameln am 20. November 1806 unter General Karl Ludwig von Le Coq (1767-1829) nahezu kampflos vor den zahlenmäßig unterlegenen Franzosen des Generals Anne-Jean-Marie-René Savary (1774-1833). Le Coq (auch Kartograf: „Große Karte von Westphalen") hatte im September 1806 das Kommando über die Observationstruppen an der Ems erhalten. Als er die Nachricht von der verlorenen Schlacht bei Jena und Auerstädt erhielt, versuchte er in Richtung auf die Elbe vorzustoßen und erschien am 24.Oktober 1806 vor der preußischen Festung Hameln. Dort standen zusammen mit den Truppen der Generäle Friedrich von Schoeler (1772-1840) und Christian Alexander von Hagken (1744-1806) etwa 9000 Mann. Es fanden mit den anrückenden Franzosen nur Scharmützel und Vorpostengefechte statt, da sich die Truppen in die Festung Hameln zurückzogen, die mit Lebensmitteln und Munition reichlich ausgestattet war. Trotzdem übergab Le Coq am 20. November die Stadt dem General Savary, der nur über 6000 Soldaten ohne Artillerie verfügte. In den Kapitulationsbedingungen wurde festgelegt, dass die Offiziere auf Ehrenwort nicht mehr gegen Frankreich kämpfen durften und dann freigelassen wurden, die Soldaten aber in die Gefangenschaft nach Frankreich geführt werden sollten, was einen Aufruhr der Soldaten in der Stadt zur Folge hatte. Le Coq zog sich nach Potsdam zurück, beantragte einen Wechsel in dänische Dienste, wurde aber aufgrund seines Verhaltens im Dezember 1809 zur Haft in der Festung Spandau verurteilt. 1808 erfolgte eine Schleifung der ab der Mitte des 18. Jahrhunderts (ab 1760) entstandenen Befestigung von Hameln, wodurch eine Erweiterung der Stadt möglich wurde. Hameln gehört von 1807 bis 1813 zum Königreich Westphalen unter König Jérôme Bonaparte (1784-1860), dem Bruder Napoleons.

Ruhe in dem Schoße seiner Familie und eine Reise nach Karlsbad (1810) verwischten die seinen Geist trübenden Nebel, verjüngt und zufrieden kehrte er in seinen alten Wirkungskreis zurück und war eifrig beschäftigt, das Versäumte nachzuholen. Besonders war ihm die 1811 von Marburg aus werdende Ernennung zum Doktor der Medizin ehrenhalber ein neuer Ansporn, und rastlos lag sein heiter gestimmter Geist seiner Wissenschaft ob. Allein nur kurze Zeit sollte dieser heitere Zustand dauern, den die ihm während der westfälischen Okkupation gewordenen bitteren und unverschuldeten Kränkungen und großen Verluste machten, dass seine Hypochondrie wieder hervortrat und ihm das Leben verbitterte. Sein Seelenzustand besserte sich zwar noch einmal, als mit der Rückkehr der guten angestammten Regierung, die Ursache jener herben Kränkungen schwand, nie aber kehrte die in früheren Jahren so sehr ausgezeichnete Heiterkeit des Geistes zurück. Er blieb stets finster und missgestimmt, und zog sich gern wegen seiner erschütterten Gesundheit von allen öffentlichen Geschäften, an denen er nochmal den tätigsten Anteil genommen hatte, in ein stilles Privatleben zurück.

Mit Eifer lag jetzt der würdige Greis, dessen tätiger Geist nicht unbeschäftigt bleiben konnte, dem Lesen der neuern chemischen Schriften ob; innigst freute er sich über die Riesenschritte dieser Wissenschaft, und rastlos beschäftigte er sich mit der schriftlichen Bearbeitung mehrerer wichtiger und nützlicher Erfahrungen. Sein siecher Körper erlaubte ihm aber bald auch diese Beschäftigung nicht mehr, und sein altes Leiden kehrte mit verdoppelter Stärke zurück. Das bittere Gefühl, sich selbst zu überleben, da er den raschen Fortschritten seiner Wissenschaft nicht zu folgen mehr im Stande war, sein tief durch unverschuldete Kränkungen gekränkter Ehrgeiz – die einzige Schwäche, die man meinem Vater zeihen kann – und sein steten Schmerzen ausgesetzter Körper bewirkten hauptsächlich wohl den neuen stärkeren Ausbruch seines Seelenleidens. Still für sich hinlebend, wandte er die wenigen schmerzlosen Stunden, die ihm sein siecher, der Brustwassersucht [Folge einer Herzinsuffienz] unterliegender Körper gewährte, zur Ordnung seiner Papiere und Privatangelegenheiten an, und entschlummerte am 31sten Dezember 1819, beweint und betrauert von den durch seinen Tod verwaisten Seinigen und allen Edlen, die ihn kannten. –

Mein Vater war in seinem Fache nicht blos ein vielseitig gebildeter, sondern auch wahrhaft gelehrter Mann. Da er seine höhere wissenschaftliche Bildung fast allein durch eigene Anstrengung erhalten, und im strengsten Sinne des Wortes Autodidakt war, so ist in seinen zahlreichen Schriften ein origineller lebhafter Geist unverkennbar, und alle tragen das Gepräge eins geübten Denkers. Seine Vorliebe für lateinische und deutsche Klassiker verdankt er ohne Zweifel seinen bündigen, reichhaltigen, stets klaren, häufig eleganten Stil, so wie seine mannigfache originelle Darstellungsweise.

Groß und mannigfach sind seine Verdienste um Chemie, Pharmazie und Technologie. Immer eifrig im Suchen neuer Tatsachen und Sammeln neuer Erfahrungen verdankt ihm die Chemie manche treffliche Entdeckung und Berichtigung, so wie der lebhafte Anteil, den er an den chemischen Verhandlungen der letzten Jahrzehnten des vorigen Jahrhunderts nahm, eine Menge trefflicher Abhandlungen hervorrief, die er teils in der ihm durch Gleichheit der Gesinnung so innigst befreundeten Lorenz von Crell's chemischen Annalen, teils in seinen kleinen physikalisch-chemischen Abhandlungen bekannt gemacht hat. Wie sein Freund Klapproth stets nur die Wahrheit im Auge, und weit entfernt, hypothetische, am Schreibtisch gemachte Schlüsse für wirkliche Tatsachen auszugeben, war er der geduldigste, genaueste bei seinen Analysen beobachtende Mann, der oft Versuche, die ihm wichtig schienen, mehr denn zwanzigmal wiederholte, um jedem Verdacht eines Irrtums zu begegnen. Daher sind denn auch seine Analysen so äußerst genau, von denen u.a. die des Lüneburger Borazits genannt zu werden verdienen. In diesem letzteren fand er Borsäure und äußerste dabei die auffallende Vermutung, dass die Borsäure noch in mehreren Mineralien vorhanden und der Grund ihrer besonderen Kristallisation sein würde; eine Vermutung, wodurch er damals einen herrschenden Zusammenhang zwischen den Bestandteilen der Mineralien und ihrer Kristallisation bestimmt aussprach, und die spätere Erfahrungen in ihrem vollen Umfange bestätigt haben. Zahlreich sind seine Analysen vegetabilischer Körper, die er mehr liebte, wie die Untersuchung animalischer Stoffe, von denen er keinen rechten Nutzen sah. Er zeigte die Identität der Klee- und Zuckersäure [= Oxalsäure], untersuchte den Vorgang der Aetherbildung und stellte Salzaether [= Etyhlchlorid] dar. Viel leistete mein Vater in der Analyse der Mineralwasser, indem er durch Verbesserung der von Bergmann und Priestley bei Untersuchung von Mineralwässern angewandten Methode, zu dem neueren vollkommneren Verfahren die Bahn brach, und seine Analysen der Gesundbrunnen und Mineralquellen von Pyrmont, Meinberg, Selters, Limmer, Verden, Driburg, Rehburg, Winzlar, Eilsen, der Soolen von Lüneburg, Salzlieben-Halle [im heutigen Stadtgebiet von Salzgitter-Bad] und Pyrmont lassen nichts zu wünschen übrig. Doch noch größere Verdienste erwarb sich mein Vater um die Pharmazie. Seinem Streben war es vorzüglich vorbehalten, die Apothekerkunst, die meistens nur handwerksmäßig betrieben und auch nur für ein Handwerk gehalten wurde, auf den ihr gebührenden Platz als Kunst und Wissenschaft zu stellen. Zahlreich sind seine Verbesserungen in der Bereitung der Arzneimittel und pharmazeutischen Präparate, und sein Handbuch der Apothekerkunst, das in wenigen Jahren vier starke Auflagen erlebte, macht in der Literarturgeschichte der Pharmazie Epoche.

So verdankt ihm ferner der Gewerbskunde wichtige und mannigfaltige Entdeckungen und Bereicherungen, da er mit besonderem Glücke Chemie auf technologische Gegenstände anzuwenden wusste. Er vervollkommnete die Branntwein-brennerei, und zeigte den Fabrikanten, wie sie gemeinen Kornbranntwein zu Franzbranntwein, Rum und Arak veredelen könnten, verbesserte die gewöhnliche Art des Bleichens, lehrte aus Kochsalz und Glaubersalz gute Gläser bereiten; führte die Trennung des Natrium aus Kochsalz durch verschiedene Methoden ein, lehrte die Töpfer gute, haltbare und unschädliche Topfglasuren kennen, zeigte den Essigbauern die vorteilhafte Art, Essig zu erzielen, und machte sich überhaupt durch Verbreitung nützlicher chemischer Kenntnisse, die er leicht und fasslich darzustellen wusste, besonders um sein Vaterland verdient

WESTRUMB und seine Schüler

In seinem *„Handbuch für die ersten Anfänger der Apothekerkunst"* (Hannover 1795 – und weitere Auflagen) nennt WESTRUMB seine wohl erfolgreichsten *Eleven*:

Friedrich Sievers – es muss sich um den aus Peine stammenden Johann August Carl SIEVERS (1762-1795) handeln, wie seine Briefe aus Sibirien uns vermitteln.
Sievers wanderte 1785 nach St. Petersburg aus und erhielt 1789 den Auftrag in Sibirien nach medizinischem Rhabarber zu forschen, dessen getrocknete Wurzel als unentbehrliches Abführmittel diente. Sie wurde im 6. Jahrhundert von den Arabern nach Westeuropa eingeführt und galt als eine der teuersten Pflanzendrogen. Um sich damals von chinesischen Importen unabhängig zu machen, wollte das russische Medizinalkollegium Fundorte der Stammpflanze auch auf ihrem Territorium ermitteln bzw. aus dem sibirischen *Rheum raponticum* durch Kultivierung eine Variante des *Rheum palmatum* L. (Medizinalrhabarber) entwickeln. In seinen Briefen berichtete Sievers über seine Sucherexpeditionen und widmete sie seinen Lehrern – u.a. Westrumb und dessen Lehrern Brande und Erhart.

Adolph Murray, auch hier stimmen die Vornamen nicht mit denen in der „Deutschen Apotheker-Biographie" (Hrsg. Wolfgang-Hagen Hein und Holm-Dietmar Schwarz, Stuttgart 1978) überein – dort heißt er Philipp Friedrich David MURRAY (1770-1828), der ab seinem 15. Lebensjahr sich der Pharmazie widmete, „zuerst in Heiligenstadt, dann bei dem Apt. Westrumb in Hameln, wo er eine gute Ausbildung erhielt. Dem inzwischen 21 Jahre alt gewordenen

M. wurde auf Empfehlung von Westrumb hin die Verwaltung der Andreäischen Ap. in Hannover anvertraut." Er wurde 1799 Universitäts-Apotheker in Göttingen.

Philipp Schrader, *Doctor der Arzneygelahrtheit und Privatdocent in Göttingen* – ist im Werk „Versuch einer acedamischen Gelehrten-Geschichte von der Georg-August-Universität zu Göttingen" von Justizrath Pütter, (Zeitraum 1788 bis 1820) ein *Heinrich Adolf Schrader* (1767-1836) zu finden, dessen biografische Daten trotz abweichender Vornamen mit Westrumbs Angaben übereinstimmen (Schrader könnte vor dem Studium eine Apothekerlehre bei Westrumb absolviert haben, da er erst mit 21 Jahren ein Studium begann, worüber aber nirgends berichtet wird):
„§. 121
Heinrich Adolf Schrader, geb. zu Alfeld im Hildesheimischen 1767, Jan. 1, studierte in Göttingen von 1789 bis 1793, ward Doctor daselbst 1795, seit 1797 hildesheimischer Medicinalrath, seit 1794 Privatdocent zu Göttingen, seit 1802 außerordentlicher Professor daselbst und Director des botanischen Gartens, seit 1809 ordentlicher Professor, seit 1811 Director des oeconischem Gartens, seit 1816 Hofrath..."

Friedrich Heinrich Basse (1773-1829)
Basse wurde am 6. Januar 1773 in Elze geboren; er starb am 23. Januar 1829 in Bremen. Er war der Sohn des Senators, Brauers und Chirurgius Johann Friedrich Basse, der am 19. Juli 1770 Beata Sophia Henrietta Domanns aus Höxter geheiratet hatte. Als

Apothekergehilfe in der Ratsapotheke in Hameln tätig, berichtete sein Apotheker Westrumb in den „Annalen der Physik" vom 8. Mai 1803:

„Herr Basse, ein eifriger Verfolger der Galvanischen Versuche, ist mein erster Gehülfe, und hat, da ich keine Kosten scheue, wenn es Menschwohl und Aufsuchung chemischer und physischer Wahrheiten betrifft, Gelegenheit, seine Neigung und Wünsche zu befriedigen. Seit fast 2 Jahren sind täglich mehrere Gehör- und andere Kranke von ihm galvanisiert worden. Leider können wir aber in das Geschrei der Voreiligen nicht einstimmen. Mehrere Gehörkranken sind ohne Heilung entlassen. Andere, die Erschütterungen von 10 bis 30 Plattenpaaren nicht ertragen konnten, mussten entlassen werden. Keiner ist ganz geheilt, und nur allein von drei Gelähmten darf ich rühmen, dass der Galvanismus sie ganz geheilt hat. Den einen, einen alten 70-jährigen Greis, hatte der Schlag gerührt und die ganze linke Seite gelähmt ; - wurde über 6 Monate elektrisiert und galvanisiert. Der zweite, ein 20-jähriger Soldat, war hingefallen, hatte die Handwurzel verletzt – wurde 10 Monat unter den Händen der Ärzte auf mehrere Weise behandelt, 3 Monate galvanisiert, und hergestellt. Der dritte, ein 12-jähriger Knabe, zerschellte auf dem Eise den Ellbogen, bekam Schwinden und Contractur des Arms, und ist jetzt, nach 14-tägigem Galvanisieren, so gut als hergestellt. Beim zweiten Kranken halfen das berühmt gewesene Extract von Rhus radicans, zu einer Unze des Tages, (es war von Brüssel, von Hannover, von Göttingen und hier bereitet), die Moxa, die Canthariden, die Guajaktinctur mit Salzblumen, nichts, gar nichts. Herr Basse arbeitet jetzt an der Schrift für Ihr Journal, und wird sie Ihnen ehestens senden. Sie werden merkwürdige Versuche darin finden. Gern theile ich einige dieser Versuche mit, fürchte ich nicht, dass wir, bei Wiederholung derselben, vielleicht eine andere Ansicht erhalten könnten, als wir heute davon haben. Da einige dieser merkwürdigen Versuche in und an Flüssen, und zwar dem Weserstrom, angestellt sind, und die Witterung uns jetzt nicht günstig ist, so muss deren Wiederholung bis zu heiteren, sonnenreichen Tagen verschoben werden. Ausgemacht scheint es indes zu sein, dass im Innern der Säule überall Gas, und zwar am Zink brennbares, am Kupfer u. s. w. Oxygengas entstehe, und dass ab Entsaugung des Oxygens aus der Säule umgebenden Atmosphäre, so wie an Wasserzerlegung, schwerlich weiter zu denken seyn werde. In unserem Apparate werden die Gasarten in solchen Mengen, vorzüglich das brennbare Gas, entbunden, wie ich es bei anderen sich nie entbinden sah."

(Zitiert nach Klaus Schubert in „Der Galvanismus hat sie ganz geheilt" DEWEZET 1.10.2010)

Die Spurensuche zu *Basse* führt auch zu einer neueren Publikation von Andrea Linnebach über „Das Museum der Aufklärung und sein Publikum. Kunsthaus und Museum Fridericianum in Kassel im Kontext des historischen Besucherbuches (1765-1796)" (Kassel 2014), worin im Zusammenhang mit einer besonderen, „wenn auch recht kleine(n) Besuchergruppe" – „reisende Lehrlinge" – zu lesen ist, nachdem der Berliner Apotheker Valentin Rose d. J. als Besucher am 15. April 1782 (offensichtlich auf der Rückreise von Frankfurt am Main in die Apotheke seines Vaters) genannt wird:

„Ähnlich unternahm auch Friedrich Heinrich Basse (1773-1823), der als 17-jähriger Apothekergehilfe Ende Mai 1790 aus Hameln in das Museum kam, ausgiebig chemische und physikalische Experimente. Basse entdeckte u.a. die elektrische Leitfähigkeit des

Erdbodens und publizierte z. B. über Salzsäure und Naphtha sowie über die Auflösung von Phosphor in Weingeist. Zuletzt war er ab 1817 Inhaber der Bleiweißfabrik in Bremen."

1817 übernahm Basse also eine Bleiweißfabrik in Bremen.
Er heiratete am 17.12.1820 Rebecca Antonette *Achelis* (Bremen 17.11.1791-18.9.1854 Bremen). Basse starb im Haus Hohenthorstraße Nr. 7 um 17.30 Uhr (Civ. Reg. Bremen, S. 1829/111 – unter genealogy.net; Ortsfamilienbücher Bremen und Vegesack)

Georg Christian Kindt (Lübeck 1793-1869 Bremen) wurde als Sohn eines aus Wismar stammenden Apothekers in Lübeck geboren, besuchte dort das Katharineum und absolvierte von 1809 bis 1813 seine Apothekerlehre bei Westrumb in Hameln. Als Apothekergehilfe arbeitete er bei seinem älteren Bruder Franz Friedrich in der Adler-Apotheke zu Lübeck und beim Apotheker Ernst Wilhelm Martius (1756-1849) in der Hof-Apotheke in Erlangen. 1815 nahm Kindt an den Befreiungskriegen gegen Napoleon teil. 1817 bis 1818 verwaltete er die Hofapotheke in Wismar, die einst von seinem Großvater geführt worden war. 1818 kam er nach Bremen in die Sonnenapotheke (im Stil der Weserrenaissance erbaut, 1944 zerstört) in der Sögerstraße Nr. 18, wo er von 1819 bis 1854 als deren Besitzer wirkte.

Von Westrumb angeregt führte er in seiner Apotheke die neuesten physikalischen und chemischen Apparate ein, veranstaltete Experimental-Demonstrationen und Vorträge, wodurch sie einen naturwissenschaftlichen Mittelpunkt der Stadt bildete. Im Polytechnischen Journal von Dingler veröffentlichte er zahlreiche

Beiträge. Zu seinem berühmten Schüler zählte der spätere bedeutende Chemiker Hermann Fehling. Kindt gehörte zum Gründungsvorstand des Naturwissenschaftlichen Vereins zu Bremen. In den Abhandlungen dieses Vereins (1871, II. Band C, S. 191-199) wurde er von Franz Buchenau (1831-1906, Botaniker und Pädagoge) ausführlich gewürdigt. Er schrieb u.a.:

„Von entscheidender Bedeutung für seine geistige Richtung und Thätigkeit wurde seine Lehrzeit als Apotheker. Er trat nämlich im Jahre 1809 bei dem sehr tüchtigen und als Analytiker in der Chemie bekannten Apotheker Westrumb zu Hameln ein. Westrumb war einer jener wissenschaftlich vorwärtsstrebenden Apotheker, welche am Beginn des neunzehnten Jahrhunderts zu den Hauptträgern der damals so mächtig aufblühenden Naturwissenschaften gehörten; er hat das Verdienst, in Kindt die Liebe zum Studium der Chemie befestigt zu haben, welche in demselben bis zu seinem Ende immer gleich rege geblieben ist; Kindt hat ihn dafür aber auch beständig die dankbarste Gesinnung bewahrt..."

Friedrich Heukenkamp – Medicinalassessor und Apotheker in Magdeburg

Eine Anfrage an das Stadtarchiv Magdeburg ergab folgende Ergebnisse:

Heuckenkamp, dessen Schreibweise in den Archivalien sich mehrmals änderte, erwarb am 9. August 1799 das Bürgerrecht der Stadt Magdeburg – als *Friedrich Wilhelm Heuckenkampf, ein Apotheker gebürtig aus Brandenburg an der Havel.*

Im Adressbuch der Stadt Magdeburg wurde er 1817 als *Apotheker Friedr. Heukenkamp, auch Medic. Assessor, Alter Markt 22* genannt. 1823 erscheint jedoch nur noch seine Witwe im Adressbuch –

Heukenkamp, verwitwete Medicinal-Assessor, Knochenhaue-ruferstraße 1.

In der Festschrift „Die Magdeburger Apotheker Konferenz 1798-1928" von Eduard Bell (Magdeburg 1928) wird *Friedrich Wilhelm Heuckenkamp* von 1799 bis zum 1. April 1822 als Besitzer oder Verwalter der *„Naumann'sche, jetzt Löwen-Apotheke, Alter Markt 22"* aufgeführt.

Mit der „Geschichte der Apotheken der Stadt Magdeburg" beschäftigte sich Katharina Albrecht (Drei-Birken-Verlag, Freiberg/Sa. 2007). Darin wird auch ein Foto (aus Privatbesitz) abgebildet, auf dem sich die *Löwen-Apotheke* neben der *Rats-Apotheke*, Alter Markt 23, aus der Zeit befindet.

Über die Geschichte der Löwen-Apotheke werden folgende Einzelheiten berichtet:

Sie wurde offensichtlich als „Garnison-Apotheke" mit einem „Privilegium personale" 1681 gegründet – neben der bereits bestehenden Rats- und der Hof-Apotheke. Sie bestand bis 1763. Das Privileg war an den Apotheker Johann Adam Tuchscherer (gest. 1702) und dessen Nachkommen vergeben worden. K. Albrecht berichtet, dass die beiden genannten Apotheken eigentlich den Bedarf der damals nach einer Pestepedimie nur 5155 Einwohner zählenden Stadt voll abgedeckt hätten. „Örtliche Umstände führten jedoch zur Gründung einer neuen Apotheke in Magdeburg. (...) Der Kurfürst bestellte zur Versorgung der Garnison persönlich einen Apotheker nach Magdeburg. (...) Die Besonderheit dieses Privilegs bestand darin, dass die Apotheke nicht der Magdeburger Apothekenordnung und deshalb nicht den Apothekenrevisionen unterstellt war. Sie entstand trotzdem als ordentliche Apotheke am Markt und versorgte auch Zivilpersonen."

Nach dem Erlöschen des Privilegs – durch den Tod des letzten männlichen Erbens Anton Tuchscherer 1763 – versuchte der Apotheker Johann Philipp Becker das alte Privileg zu erhalten. Er musste jedoch ein neues Privileg beantragen, das ihm 1764 von König Friedrich II. erteilt wurde. Und so eröffnete er zunächst am Breiteweg 129 (heute Breiter Weg) die Einhorn-Apotheke. 1784 geriet Becker in Konkurs, das Privileg fiel an Beckers Neffen Johann Christian Naumann (gest. 1797) und er verlagerte die Apotheke in das im Privatbesitz befindliche Haus Alter Markt 22, wo sie den Namen *Löwen-Apotheke* erhielt.

Aus dem „Häuserbuch der Stadt Magdeburg" von Ernst Neubauer (1931) ist über das Haus *Markt 22* zu erfahren, dass es 1674 für 2000 Tlr. an den Seidenkramer Johann Schrader kam, dessen Erben es 1699 für 1800 Tlr. an den Kaufmann Christian Wilhelm Naumann verkaufen, der Schraders Witwe geheiratet hatte. Bis 1750 blieb es im Besitz von Naumann, dann bei den Erben bis 1791 – 1750 bis 1772 war Johann Heinrich Naumann Eigentümer. 1784 erwarb ein weiterer Naumann das Privileg der bankerotten Einhornapotheke Breiter Weg 129. Er richtete nun im Haus Alter Markt 22 eine Apotheke ein, die *Löwenapotheke*. Wörtlich ist dann zu lesen: *„Haus (und Apotheke?) besitzt von 1791 bis 1801 Naumanns Schwiegersohn Kaufmann Georg Heinrich Schauer, von 1801 bis 1822 Kaufmann Christoph Leopold Kersten und Apotheker Friedrich Wilhelm Heuckenkamp, der die Apotheke nach der Festschrift [s.o.] seit 1799 besitzt, in Wirklichkeit aber wohl von 1799-1801 nur verwaltet hat."*

Über Friedrich Wilhelm August *Heuckenkamp* wird berichtet, dass er als *Medizinal-Assessor* und auch in der 1798 gegründeten *Magdeburger Apotheker-Konferenz* aktiv war. Heuckenkamp gehörte außerdem dem *Collegium Medicum* in Magdeburg an – neben Johann August Michaelis (Rats-Apotheke), Johann Ferdinand Hartmann (Hof-Apotheke), Wilhelm Friedrich Christian Faber (Sonnen-Apotheke) und Ernst Daniel Pulmann (Engel-Apotheke) – nach einer Auflistung vom 28. Februar 1809 (nach K. Albrecht).

Schröder – Raths-Apotheker in Hannover

Rudolph Brandes (1795-1842), „Oberdirektor des Apotheker-vereins im nördlichen Teutschland" und Apotheker in Salzuflen, schrieb in seinem „Bericht über den Apotheker-Verein in Norddeutschland in seinen zwei Decennien" (Hannover 1842):
„Für die Unterstützungskasse unseres Vereins trat im Jahre 1837 der erfreuliche Umstand ein, daß der verewigte Rathsapotheker Schröder in Hannover derselben ein Capital von 1000 Thlr. vermachte. Die Pflicht der Dankbarkeit gegen den menschen-freundlichen Wohlthäter legte es uns auf, diese bedeutende Summe als Capital anzulegen und unter dem Namen des Schöder'schen Legates *damit einen stehenden Fond zu bilden."*
Die Spurensuche zum Rathsapotheker Schröder führte zunächst zu einer Veröffentlichung im „Journal der Pharmacie" im Band 13 aus dem Jahr 1805 (S. 26) – mit der Überschrift:
„Einige Bemerkungen
über die im Band XII, Stück 1 dieses Journals
vom Herrn Assess. Michaelis
enthaltenenen Aufsatze vom Rathsapotheker Schröder
in Hannover.

————

So sehr ich mich beym Lesen chemischer Schriften glücklich schätze, in einem Zeitalter zu leben, in welchem Scharfsinn und Klarheit die Schriften vieler verdienstvoller Chemiker auszeichnen; so sehr ich namentlich beym Lesen des Trommsdorffschen Journals, des selben, selbst physische Beschwerden nicht scheuenden Forschungsgeist, den sichern Takt, welcher die Abhandlungen des Herausgebers bezeichnet, bewundre, so innig ich mich über die ungemeinen Fortschritte seiner Zöglinge freue, von welchen deren Aufsätze zeugen: so finde ich doch auch bisweilen Aufsätze von andern, denen ich unmöglich meinen Beyfall schenken kann.

Herr Assessor Michaelis hat das chemisch-pharmaceutische Publikum unlängst mit zwey Aufsätzen beschenkt, gegen welche sehr viel zu erinnern ist, und über welche ich hier unparteyisch meine Bemerkungen vortragen will.

Nachdem Hr. Assess. M i c h a e l i s bekannt gemacht hat, daß er den Brechweinstein nach der Angabe von Herrn B u c h o l z, welcher denselben durch Digestion bereit, ebenfalls seit 15 Jahren habe verfertigen lassen, erzählt er, daß er auch Ferrum tartarisatum et similia *durch diese Encheiresin (!!) bereiten lasse. Ich erstaune, daß Hrr A. M. sich das Ansehen gibt, als sage er hier etwas Neues, da das weinsteinsaure Eisen, welches mit rohem Weinstein bereitet, unter dem Namen der Eisenkugeln bekannt ist, schon seit langer Zeit nach den meisten Pharmakopöen durch fortgesetzte Digestion erhalten wird.*

Daß Herr A. M. das Extractum ferri pomatum *auch durch Digestion und nachheriges Kochen bereitet, entspricht in Betreff der vorhergegangenen Digestion, der in der* Pharmacopoea borussica

gegebenen Vorschrift; daß er aber Statt des daselbst vorge-
schriebenen Aepfelsaftes, zerstoßene Aepfel mit dem Eisen digerirt,
und also willkührlich eine Abänderung trift, wodurch die
Beschaffenheit dieses Medikaments verändert wird, ist nach meiner
Meinung ganz und gar nicht lobenwerth, und dieß um so weniger,
da Herr A. M. selbst einsieht, daß sein Präparat von dem
gewöhnlichen abweicht. Er sagt ausdrücklich, daß bei seinem
Verfahren der Schleim zurückgehalten und das Extrakt reicher an
aufgelöstem Eisen dargestellt werde. Ist es nun aber nicht offenbar,
daß dieses Extrakt von demjenigen, welches die Kollegen des Herrn
A. M. bereiten, wenn dieselben ihrer Pflicht gemäß, das Mittel nach
der Landespharmakopö verfertigen, bedeutende abweichen müsse?
Kann eine solche Verschiedenheit wichtiger Arzneymittel den
Aerzten des Orts angenehm seyn? Ist nicht vielleicht der mit dem
Aepfelsafte verbundene Schleim in dieser Mischung höchst wichtig,
indem er die auch den mildesten metallischen Mittelsalzen
eigenthümliche Schärfe mildert? Ist es nicht vielleicht der Schleim,
der diesem Eisenpräparat vor manchem andern den Vorzug gibt?

Ist es, frage ich endlich, in den preußischen Staaten dem Apotheker,
dem das Oberkollegium medicum eine Pharmacopö gegeben, die
beynahe vollkommen genannt zu werden verdient, erlaubt,
willkührliche, auf die Beschaffenheit des Präparates so sehr
einfließende Abänderungen zu treffen?
　　　Daß übrigens die in den Aepfeln befindliche Säure nach dem
Verfahren des Herrn A. M. leichter durch das Eisen neutralisirt
werde, als nach den in der Pharm. Boruss. *und an andern Orten*
vorgeschriebenen Methoden, bezweifle ich sehr. Es ist bekannt, daß
das Eisen, bevor es von den Säuren aufgenommen wird, etwas
Oxygene mit sich verbunden haben müsse; daß dieß auch bey

diesem Präparat durch Zersetzung eines kleinen Theils des vorhandenen Wassers ihm zufließe, ist eben so bekannt. Ist es nun aber nit sehr begreiflich, daß das bey Zersetzung des Wassers frey werdende Wasserstoffgas sich ungleich leichter durch die dünne Flüssigkeit, als durch den dicken Aepfelbrey einen Ausweg werde verschaffen können? Wenn die Eisenfeile mit dem Äpfelsaft übergossen wird, so unterhält die stete Bewegung, welche durch das Entweichen der kleinen Gasbläschen unterhalten wird, eine fortgesetzte Einwirkung der Säure auf das Eisen, und ebyde Körper bieten sich immer neue Berührungspunkte dar.

———

[Im zweiten Teil seiner Abhandlung geht der Raths-Apotheker Schröder dann noch auf die Vorschläge von MICHAELIS ein, *die chemisch-pharmaceutische Nomenclatur zu verbessern* – die hier jedoch von geringerem Interesse und daher hier nicht Im Einzelnen zitiert werden sollen. Nur der erste Absatz ist von Bedeutung, da darin auf WESTRUMB Bezug genommen wird:]

Ich komme nun zur zweyten Abhandlung des Hrn. A. M., in welcher er sich sehr angelegen seyn läßt, die chemisch-pharmaceutische Nomenclatur zu verbessern. Wahrlich! Wenn ich mich der Bemühungen der großen Männer erinnere, welche mit philosophischem Geiste die ältere chemische Nomenclatur geprüft und ihr eine systematische Form gegeben haben, welche eben dadurch das Studium der Wissenschaft wahrhaft erleichtert haben; wenn ich die Arbeiten eines L a v o i s i e r, Gren, C h e n e v i x u.a.m. betrachte; wenn ich den edeln Sinn des edeln W e s t r u m b in dessen Werk über Sprachbereicherung unverkennbar finde, so wird mein Herz von Dankbarkeit erwärmt, aber desto unan-genehmer sind Mikrologien.

(...)

Der *Medicinal-Assessor* und Apotheker MICHAELIS war kein einfacher Apotheker. Er hielt in Magdeburg auch Vorlesungen. So ist im „Amts-Blatt der Königlichen Regierung zu Magdeburg" (1834), dass der Medizinal-Assessor Michaelis „Montags, Dienstags und Donnerstags von 9-10 Uhr in dem Vortrage über die Encyklopädie der Naturwissenschaften fortfahren und denselben beendigen" werde – so im „Verzeichnis der Vorlesungen bei der Königl. Medizinisch-chirurgischen Lehranstalt zu Magdeburg für das Sommersemester 1834".

Eine Abhandlung von ihm im „Journal der Pharmacie für Ärzte und Apotheker" ist über Untersuchungen einer peruanischen Rinde bereits 1801 zu finden.

In dem Werk von J. Christoph Heinrich Roloff „Anleitung zur Prüfung der Arzneykörper bey Apothekenvisitationen für Physiker, Aerzte und Apotheker" (Magdeburg 1812) ist in der „Vorerinnerung" u.a. zu lesen:

„Bey dieser Arbeit haben mich zwey achtungswerthe Apotheker und geschickte Chemiker, meine Freunde, die Herren Medizinalassessoren M i c h a e l i s und H e u k e n k a m p unterstützt, und mir ihre bey Apothekenvisitationen gemachten Erfahrungen mitgetheilt, wodurch das Zutrauen zu meiner Arbeit und der Werth derselben gewiss nicht wenig erhöhet seyn muss, und wofür ich ihnen hier öffentlich meinen Dank sage.

Hier stoßen wir somit wiederum auf einen Apotheker, der in der Raths-Apotheke zu Hameln bei WESTRUMB gewirkt hat – H e u k e n k a m p.

In der Veröffentlichung von J. A. Maas „Kissingen und seine Heilquellen" (2. Aufl., Würzburg 1830) finden wir einen weiteren Hinweise auf den Rathsapotheker Schröder – dort ist auf S. 23/25 zu lesen:

„Um dem Mineralwasser den ausgedehntesten Absatz zu verschaffen, und das Beziehen desselben den auswärtigen Kranken zu erleichtern, hat das Handelshaus Bolzano in mehreren bedeutenden Städten des In- und Auslandes Niederlagen errichtet, die jährlich im Frühjahre mit frischen Transporten versehen werden."

Und in alphabetische Reihenfolge der Städte heisst es:

„In Hannover bei Hrn. Schröder, Rathsapotheker."

Georg Löber, *Candidat der Apothekerkunst zu Hannover*, ist im „Hannoverschen Gewerbe-ABC von 1800-1900" nicht verzeichnet. Bei Recherchen im Internet stoße ich jedoch auf diesen Namen im Buch von W.-H. Hein und W.-D. Müller-Jahncke: Kostbarkeiten aus dem Deutschen Apotheken-Museum Heidelberg (Springer, Berlin/Heidelberg 1993 – S. 192), wo ein Apotheker Georg Heinrich Christian Löber (1748-1799) in Pößneck im Zusammenhang mit einem Apothekengefäß genannt wird. Er soll auch das Vorbild für den Apotheker in Goethes Epos „Hermann und Dorothea" gewesen sein. Auf seinen Reisen in die böhmischen Bäder ist Goethe mehrmals in Pößneck gewesen.

Das erwähnte *Trommsdorffsche Journal* (s. auch zu Beginn des Kapitel 2.3) wurde von dem Erfurter Apotheker Johann Bartholomäus TROMMSDORFF (1770-1837) herausgegeben.

Analysen von Mineralquellen
Westrumb an berühmten Gesundbrunnen

Mein Vater hat sich sehr intensiv mit der Untersuchung von Mineralquellen beschäftigt und auch eine eigene Methodik in der Analyse entwickelt. Aus seinen umfangreichen Veröffentlichungen habe ich drei Beispiele ausgewählt – die Mineralquellen zu **Driburg,** zu **Pyrmont**, und die berühmte und weit über Deutschland hinaus bekannte **Seltersquelle.**
[Die häufig verwendete Bezeichnung *Luftsäure* bedeutet: *Kohlen(stoff)dioxid.*]

WESTRUMB
Wir schreiben das Jahr 1818. Ich habe jetzt das 65. Lebensjahr vollendet und leider nehmen meine Kräfte, sowohl durch meine chemischen Arbeiten verursacht als auch durch die politischen Ereignisse der französischen Invasion in Hameln verstärkt, zunehmend ab. Bevor es zu spät ist und ich die Feder, die ich so oft für meine chemischen und pharmazeutischen Abhandlungen eifrig benutzt habe, von meiner Hand nicht mehr geführt werden kann, möchte ich für meine Nachkommen, vor allem auch für meinen Sohn August, der ein tüchtiger Arzt geworden ist, über mein Leben und vor allem Wirken, wie ich es heute sehe, berichten.

Pächter der Raths-Apotheke zu Hameln
1778 bewarb ich mich um die Pacht der Hamelner Raths-Apotheke, als nach dem plötzlichen Tod des damaligen Pächters Heinrich Daniel Athenstedt ein neuer Pächter gesucht wurde.

Zunächst war wohl dessen Mitarbeiter Böning für die Stelle vorgesehen; doch auch dieser verstarb überraschend. So kam ich zum Zuge, hinterlegte am 24. August 1779 eine Kaution von 900 Talern, zog nach Hameln und heiratete die Witwe Athenstedt.

Die Raths-Apotheke wurde 1611 durch den Rath der Stadt Hameln gegründet und befindet sich im linken Teil des im Stil der Renaissance ab 1610 erbauten Hochzeitshauses. Oben an der Seite der Tür zur Apotheke liest man dieses Distichon:

Annos secentos numerabant mille decemque
haec domus a dominis com renovate fuit
pharma collectis hic concinnantur ab herbis
hic dubius medicam consulit aeger opem.
Man zählte 600 Jahre und 1010 als dieses Haus von seinen Besitzern erneuert wurde. Hier werden aus gesammelten Kräutern Medikamente hergestellt, hier sucht der Kranke um medizinischen Rat nach, wenn er im Zweifel ist.

Hochzeitshaus mit Eingang links zur ehem. Raths-Apotheke

Es hat auch dieses ansehnliche Gebäude vortrefflich gewölbte Keller, die unter dem ganzen Hause, auch unter der kleinen Gasse zwischen diesem und dem Rathause, bis unter das Rathaus selbst sich erstrecken. Es ist durch eine Zwischenmauer in der Länge abgesondert und gehört zum Teil zur Weinschenke, der andere zur Apotheke. Und zwar ist die Apotheke am Rathause, in dem Teil des Hauses angelegt, der zur Waage gewidmet war. Daher kommt auch der große Eingang in die Apotheke, der auf der Nordseite so groß war, dass er eine Durchfahrt haben konnte, welcher aber später, weil eine Wohnstube dort angelegt wurde, zugebaut worden ist.

Im Laboratorium der mir vom Rat der Stadt Hameln auf Lebenszeit anvertrauten Raths-Apotheke konnte ich nun auch mit eigenständigen wissenschaftlichen Arbeiten beginnen. Über meine Versuche berichtete ich zunächst in Briefen an den in Helmstedt lebenden und wirkenden Mediziner und Chemiker Lorenz von Crell, der nach einem Medizinstudium an der Universität Helmstedt der erste Professor für Chemie und Mineralogie am Collegium Carolinum in Braunschweig geworden war und 1774 eine Professur an der Universität Helmstedt angenommen hatte. Dort gab er 1778 die erste wissenschaftliche Zeitschrift zur Chemie mit dem Titel „Chemisches Journal für Freunde der Naturlehre, Arzneygelahrtheit, Haushaltungskunst und Manufacturen" heraus. Es folgten 1781 „Die neuesten Entdeckungen in der Chemie", in denen eine meiner ersten Mitteilungen erschien.

In Hameln begann ich, mir die wissenschaftliche Literatur anzuschaffen, u.a. wurde ich Abonnent der genannten chemischen Zeitschriften, so dass ich in der Lage war, mich stets über die neueren Entwicklungen nicht nur in der Pharmazie sondern auch in der sich rasch entwickelnden Chemie auf dem Laufenden zu halten. Es war damals üblich, über eigene Untersuchungen in Form von Briefen an den Herausgeber zu berichten. Wenn dieser die Mitteilungen für wichtig hielt, veröffentlichte er sie auch in seinem Journal.

Zunächst einmal musste ich am Beispiel bereits beschriebener Versuche die notwenigen praktischen Erfahrungen erwerben. Mein erster Brief an den Herausgeber Crell enthielt daher die Mitteilung über die Herstellung eines guten Veilchensirups nach einem Verfahren, das der Apotheker und Chemiker Bindheim aus der Apotheke Zum Weißen Schwan in Berlin in Crells Chemischem Journal kurz zuvor 1781 beschrieben hatte. Ich konnte sein Verfahren zwar prinzipiell nachvollziehen, stellte aber fest, dass der schöne blaue Saft der wässrigen Infusion einen Rotton erhielt. Auch löste sich der zerstoßene Zucker nicht ohne zu kochen auf und danach wurde die Farbe des Saftes nach etwas mehr nach Rot gefärbt. Diese aus meiner heutigen Sicht nicht sehr bedeutende Beobachtung, die wohl auf etwas Säure im Zucker zurückzuführen ist, hielt Crell jedoch für geeignet, sie im Abschnitt „Auszüge aus Briefen chemischen Inhalts" nach einem Brief des Ratsapothekers Ilsemann aus Clausthal im Harz im 5. Teil seines Journals „Die neuesten Entdeckungen in der Chemie" neben noch weiteren kurzen Mitteilungen von mir abzudrucken. Der Veilchensaft, Syrupus Violarum, wurde in unseren Apotheken der Farbe wegen zu Mixturen verwendet, weshalb es wichtig war, die schöne blaue Farbe zu erhalten.

Und so begann ich immer mehr an Versuchen nachzuvollziehen, dabei eigene Fertigkeiten und vor allem Erfahrungen zu gewinnen, die ich später auch erfolgreich für eigenständige Arbeiten einsetzen konnte. Aber schon in meiner ersten gedruckten kurzen Mitteilung war es mir wichtig, die Quelle anzugeben – also hier den Autor Bindheim und das Journal, aus dem ich geschöpft hatte. Es dauerte dann doch einige Jahre, bis ich neben meiner Tätigkeit als Raths-Apotheker in Hameln mit aller dem Wissenschaftler geziemenden Bescheidenheit genügend Selbstsicherheit erlangt hatte, um umfangreichere Arbeiten auch drucken zu lassen.

Ab 1785 ließ ich auch meine „Kleinen physikalisch-chemischen Abhandlungen" im Verlag der Johann Gottfried Müllerschen Buchhandlung, einer damals sehr erfolgreichen Offizin in Leipzig, drucken. Im Vorbericht vom Januar 1785 habe ich darauf hingewiesen, dass ich Herrn Bergrat Crell für den vorherigen Abdruck meiner kleinen Berichte dankbar war und die Resonanz darauf mich veranlasste, sie in einer Sammlung in Druck zu geben. Mir war aber auch bewusst, dass ich kein Chemist, d.h. kein Chemiker war und bat daher um Nachsicht für meine Fehler, Irrtümer und auch für meinen Schreibstil. Alle meine Bemühungen hatten das Ziel, die Ergebnisse meiner Untersuchungen zum allgemeinen Nutzen zur Verfügung zu stellen. Und in diesem ersten Heft berichtete ich auch über die Analyse von Schwefel in Mineralwässern am Beispiel des Pyrmonter Wassers, in dem ich keinen Schwefel nachweisen konnte. Die Untersuchungen von Mineralwässern beschäftigte mich viele Jahre und ich entwickelte zunehmend auch mehr Sicherheit auf diesem mir zuvor unbekannten Gebiet, so dass ich später in der Lage war, meine Methoden zu veröffentlichen.

An den Quellen von Driburg

Driburg – Kupferstich 17. Jh. in Monumenta Paderbornensia

1788 veröffentlichte ich eine erste ausführliche Schrift zu meinen Untersuchungen des Driburger Mineralwassers. Unter dem Titel „Physikalisch-chemische Beschreibung von der Lage und den Bestandteilen des Mineralwassers zu Driburg" erschien sie als Vorlesung in der Versammlung der Kurfürstlich-Mainzischen Akademie nützlicher Wissenschaften, den 4. Dezember 1787 gehalten, im Erfurter Verlag von Georg Adam Keyser, wodurch meine Arbeiten erste wissenschaftliche Anerkennung erhielten. Die Akademie war 1754 durch den kurfürstlichen Landesherrn, den Mainzer Erzbischof Johann Friedrich von Ostein (1689-1763) zu Erfurt gegründet worden. Sie ist die drittälteste Akademie gemeinnütziger Wissenschaften nach der Kurfürstlich-Brandenburgischen Societät der Wissenschaften zu

Berlin von 1700 und der 1751 gegründeten Göttinger Akademie. Unter dem aufgeklärten kurmainzischen Statthalter Erfurts, dem Freiherrn Karl Theodor von Dalberg, erlebte die Akademie in Erfurt ab 1775 eine zweite Blütezeit.

Die Heilquellen von Driburg sollen durch den arabischen Weltreisenden und Schriftsteller At-Tartûschi, Ibrahim ibn Achmed (auch Ibn al Tartuschin; lebte im 10. Jahrhundert) erstmals im Jahre 973 genannt worden sein. Er wird als islamischer Gelehrter bezeichnet, der in dem genannten Jahre Kaiser Otto I. in der Pfalz Merseburg einen Besuch abgestattet habe und auf seinem Heimweg nach Spanien auch durch die hiesige Region gekommen sei. Andere Quellen berichten von einer Reise im Jahre 965 im Auftrag des Kalifen Hakam II. von Cordoba, auf der er bis Haitabu/Schleswig und in die Pfalz in Mainz sowie auch durch Essen mit seinem Frauenkloster gekommen sei. Die Stadt Brakel beansprucht, dass er am Ort Schmechten aus der so genannten Honigquelle getrunken und sie bei einer Rast in Paderborn beschrieben habe.

Gesichert ist, dass Driburg 1345, zuvor ein königlicher Hof, die Stadtrechte von Bischof Balduin von Paderborn bestätigt erhielt. Und die Heilquellen, die auf einer nordöstlich des Städtchens vorgelagerter Wiese hervorquollen, wurden wahrscheinlich erst nach dem Dreißigjährigen Krieg stärker beachtet. Jedoch schon mitten in diesem Krieg ließ 1627 Fürstbischof Ferdinand von Fürstenberg an den drei, bereits in einer Landkarte des Hochstifts Paderborn 1620 eingetragenen Quellen kleine hölzerne Becken anbringen – zwei zum Baden, eines zum Wasserschöpfen. 1737 soll bereits Mineralwasser bis nach London,

Amsterdam, Kopenhagen, Stockholm und Danzig versandt worden sein. 1743 ließ Fürstbischof Clemens August über der Quelle sogar einen kleinen Tempel errichten und Alleen zur Stadt und zur Landstraße anlegen.

Am 9. Mai 1781 beginnt die Geschichte des heutigen Heilbades, als der braunschweigische Oberjägermeister Caspar-Heinrich von Sierstorpff Brunnen und Gelände erwirbt. Der Freiherr von Sierstorpff, in Hildesheim 1752 geboren, stammt aus dem Adelsgeschlecht von Siersdorf mit Ursprung im gleichnamigen Ort (bei Düren). Sein Vater Peter Joseph Albert Francken von Sierstorpff (1716-1770) war Kanzler des Fürstbischofs von Hildesheim.

Caspar Heinrich von Sierstorpff studierte in Erfurt und Leipzig, wo er 1772 promovierte. Zunächst war er für einige Zeit an den Höfen von Kurfürsten in Mainz und in München, 1773/74 auf „Grand Tour" in Italien und Süddeutschland. 1776 heiratete er Maria Sophia von Brabeck und begab sich auf Hochzeitsreise nach England. Für kurze Zeit war er dann Kammerherr beim Kurfürsten von Trier.

Im September 1779 weilte er an den Quellen in Driburg – in dem „göttlichen Dribourg", wie er in französischer Sprache schrieb. Anfang 1782 erfolgte die Unterzeichnung des Fürstbischofs Wilhelm Anton von der Assebur in Paderborn über einen Erbzinsvertrag zu den Rechten und Pflichten von Sierstorpff an den Quellen von Driburg – die in „einer Stunden von Driburg liegen und in der Folge noch dürfen gefunden und entdeckt werden". Im September 1782 erwarb Sierstorpff den zwischen

Stadt und Bad gelegenen Drostenhof von der Familie von der Lippe zu Vinsebeck. Er legte Alleen nach englischem Vorbild an, ließ ein Kaffeehaus erbauen, später auch neue Badehäuser und eine Bibliothek und ein Spielcasino einrichten. Ab 1783 lebte er auch im Sommer in Driburg, im Winter in Braunschweig, wo er zum Jägermeister in herzoglich braunschweigisch-wolfen-büttelsche Dienste getreten war.

Als ich 1788 in Driburg meine Untersuchungen durch-führte, war Sierstorpff gerade zum Oberjägermeister ernannt worden.

In der Einleitung schrieb ich:

Driburg und seine Mineralquellen, von deren Dasein man vor einem Jahrzehnt nur halb unterrichtet war, ist jetzt so bekannt, dass man es mit Spa, Selters, Aachen, Pyrmont, Carlsbad und anderen Orten zugleich nennt, wenn von den berühmtesten Mineralwässern Deutschlands die Rede ist. Diesen Ruf verdankt es freilich noch nicht der zahllosen Menge von Kurgästen, die sich alljährig bei ihm, so bei jenen seit Jahrhunderten berühmten Bädern versammeln, sondern mehr der herrlichen Beschreibung, die der Domherr von Beroldingen, von der Gegend, den Merkwürdigkeiten und den verschiedenen Mineral-quellen bei Driburg 1782 dem Publikum geschenkt hat: zugleich aber auch dem unglücklichen Streite, über die wahren Bestandteile und ihre Menge im Driburger Wasser, und über den Vorzug, den Driburg vor Pyrmont, oder diesem vor jenen gebühre. Ein Streit, zu welchem ich unglücklicherweise durch einige meiner Beobachtungen die nächste Veranlassung gab.

Dieser Streit ist jetzt, zur Ehre Driburgs und Pyrmonts, beigelegt: man hat, wie ich nicht anders weiß, beiden Mineralquellen Gerechtigkeit wiederfahren lassen; allein man hat dadurch die Zweifel nicht wegnehmen können, die man hier und da, vielleicht vom Vorurteil gegen andere Mineralwässer eingenommen, gegen die Güte und den wahren Gehalt des Driburger Wassers hegt. In mehr als einer Hinsicht ist es meine Pflicht, das Meinige zur Widerlegung dieser Zweifel beizutragen. Bisher hielten mich indes Geschäfte und eine ganz eigene Lage, in der ich gegen Driburg stand, davon ab. Diese Umstände haben sich geändert: ich war vor kurzem so glücklich, dem Verlangen einiger meiner verehrungswürdigsten Freunde, und meinen eigenen Wünschen Genüge leisten, und mich einer abermaligen Untersuchung des Driburger Wassers unterziehen zu können. Diese Untersuchung ist an der Quelle angestellt worden, soweit dies nämlich die Umstände erlaubten, und sie ist es, die ich hier dem Publikum vorlege.

Wer jetzt mit der Beschreibung des Herrn von Beroldingen in der Hand nach Driburg kommt, der wird erstaunen. Vergeblich wird er vieles von der alten Verfassung der Driburger Quellen suchen, so sehr hat sich hier durch die Vorsorge des jetzigen Besitzers an den Mineralquellen geändert. Das Städtchen Driburg und seine Einwohner sind freilich noch die Alten, und passen genau zu dem Gemälde des Herrn von Beroldingen, aber an dem Brunnen selbst findet man jetzt alles, was man nur zur Bequemlichkeit und zum Vergnügen fordern kann, wenn man anders in Rücksicht des letzteren mehr für die sanften Freuden der lauteren Natur, als für die rauschenden der großen Welt empfänglich ist.

50

Hier, wo vier Jahren, also 1784, kaum ein Häuschen stand, wo man sich ängstlich nach einem Bäumchen umsah, sind herrliche Gebäude, mit Geschmack verzierte Zimmer und schattige Alleen, wie aus einem Nichts hervorgegangen. Hier, wo man sich vorher in einer kaum haltbaren Badewanne zu baden gezwungen war, trifft man, zwar nicht prächtige, aber doch der Sache völlig angemessene Badeanstalten an. Kurz, es ist alles da, was der wirklich Kranke bedarf, um seiner verlorenen Gesundheit wieder froh zu werden – der vornehmste Zweck, den man eigentlich beim Besuch irgend eines Bades haben sollte.

Es gibt mehr als eine Mineralquelle bei Driburg, bis jetzt sind aber nur zwei gehörig gefasst und überbaut – der Trink- und der Badebrunnen. Beide liegen kaum eine Viertelstunde von Driburg, und einige hundert Schritt von einander, in einem sehr angenehmen Tal, das überall durch Kalkberge begrenzt wird.

Diese Kalkberge sind aber nicht so hoch, und laufen nicht so steil ins Tal hinab wie die Pyrmonter Mergelschiefer- und Kalkberge; dies macht die Ansicht freier, als sie zu Pyrmont ist. Die meisten dieser Berge sind mit Laubholz, andere mit Gras und niedrigem Gesträuch bewachsen, und einige von diesen letzteren werden bis auf eine ziemliche Höhe beackert.

Der Boden des Kessels, in dem die Driburger Quellen liegen, ist bis auf vier Fuß tief torfartig, daher hier und da moorig und sumpfig. Unter dieser Torflage stößt man hier auf eine Lage sehr festen Kalkton, dort aber auf sehr festen Kalkstein: beide setzen sich, ohne einige Abänderung, bis auf eine unergründliche Tiefe fort.

Der Trinkbrunnen wird durch ein kleines, niedliches und achteckiges Gebäude eingeschlossen. Die Inschrift dieses Gebäudes:

Agrotis.	Medelac.
Sanis.	Deliciae.

lädt beide, Leidende und Gesunde, ein, hier ihre verlorene Gesundheit wieder zu finden, oder ihre noch unerschütterte Gesundheit durch einen kühlen und zugleich heilsamen Trunk zu stärken.

Die Quelle selbst ist durch eine runde Einfassung von starken eichenen Bohlen eingeschlossen. Der Boden, aus welchem die Quelle zu Tage kommt, ist bis auf 4 Fuß torfartig, dann folgt eine Lage von sehr festem Kalkton. Aus diesem Kalkton entspringt eigentlich die Quelle. Man hat dem Bassin eine Tiefe von 14 Fuß darum geben müssen, weil das Wasser, das sehr stark aufbrodelt, sonst von der in der Tiefe abgesetzten Ockererde etwas mit in die Höhe bringen würde.

Auf sieben Fuß tief ist im Bassin ein Rost, von dreizölligen eben so weit von einander abstehenden Stäben angebracht, welcher dazu dient, dass die Scherben, von der etwa beim Füllen zerbrechenden Flaschen, nicht auf den Grund des Brunnens fallen, sondern auf dem Gitter liegen bleiben müssen, und von das leicht weggeschafft werden können.

Wird der Brunnen bis auf 14 Fuß abgelassen, so ist doch niemand ohne besondere Vorrichtung im Stande, auf den Grund zu kommen; der Dunst der Luftsäure verhindert es, und nur mit langen Stangen kann man vom Rost wegnehmen, was sich etwa darauf findet.

Das Mineralwasser fließt aus dem gedachten Bassin, etwa 20 Schritt unter der Erde in einer Röhre fort, fällt hier in einen hölzernen Kasten, und von da stürzt es in einen tiefen Graben hinab. Wenn das Wasser aus diesem Kasten völlig abgelassen ist, so fließt er in 18 Minuten wieder voll. So viel Wasser gibt die Driburger Quelle in 18 Minuten, und in einer Stunde 6359 Pfund – wie groß wird die Summe, wenn man sie auf Monate und Jahre berechnet!

Die Badequelle ist, wie gesagt, 200 Schritt von der Trinkquelle entfernt. Sie entspringt im untern Erdgeschoss im Vorsaal des Hauptgebäudes, und ist gleichfalls mit einer Einfassung von Holz, und diese mit einem kleinen niedrigen, aber doch geräumigen Kämmerchen umgeben. Dieses Kämmerchen hat die Gestalt eines großen Zeltes. Von hier wird das Wasser durch Röhren in ein auf dem Hofe des Hauptgebäudes erbautes Bassin geleitet, und von da durch Pumpen in den zum Erwärmen des Wassers bestimmten Kessel gebracht.

Nahe am Hauptwohngebäude, etwa 600 Schritt vom Trinkbrunnen entfernt, finden sich in einiger Entfernung von einander, noch zwei eisenführende Säuerlinge, von denen der eine durch eine Tonne abgesenkt und mit einem Deckel bedeckt ist, der andere aber noch offen da liegt.

Näher zu Driburg gelegen, und mehrere tausend Schritte von den Brunnengebäuden entfernt, sah ich auf einer sumpfigen Wiese zwei weitere Mineralquellen. Die eine derselben quoll stark auf, und enthielt Eisen, Kalkerde, Luftsäure u. s. w.. Die zweite quoll nicht so stark und rauschend. Das Wasser dieser letzteren

Quelle opalisierte merklich, und schien außer Luftsäure, Eisen und Kalkerde, viel an Tonerde zu führen, die, wie es die Farbe des Wassers schon vermuten lässt, nur mechanisch eingemischt ist.

Damit ich nicht zu weitschweifig werde, so beschreibe ich diese Quellen vorläufig nicht genauer; ich sage daher hier auch nichts von der eisenführenden Mineralquelle zu Ahlhausen, nichts von der Schmechtener Quelle, die der Fürstbischof von Paderborn, Ferdinand von Fürstenberg fassen ließ, und in lateinischen Versen besang: nur bei zwei anderen Quellen, die Schmechten nahe liegen, muss ich einen Augenblick verweilen. Die eine derselben hat der Herr von Beroldingen auf der 154. Seite seiner Physikalisch-Chemischen Beschreibung des Gesund-brunnens zu Driburg beschrieben. Er hält sie für einen dem Selterswasser ähnlichen Säuerling, und glaubt, das Wasser dieser Quelle schmecke nur darum moorig, weil sie aus einem moorigen Boden entspringt. Mir scheint sie das nicht zu sein; denn irre ich nicht, so ist das Wasser dieser Quelle ein wahrer eisenführender Säuerling, der wegen Mangel des gehörigen Abflusses und durch Fäulnis der in ihm schwimmenden Pflanzenteile, in ein sehr schwaches Schwefelwasser verändert wird. Schöpft man das Wasser da, wo es am klaresten ist, oder aus dem Mittelpunkte des natürlichen Bassins, so bemerkt man so wenig durch Geruch, oder durch die gegenwirkenden Mittel, etwas schwefelartiges – es schmeckt, reagiert als ein luftgesäuertes Eisenwasser. Dagegen schmeckt und riecht das am Rande des Bassins geschöpfte Wasser nach Schwefel, reagiert aber kaum als schwefelartige Luft. Die der Quelle naheliegenden Pflanzenteile waren mit einem dünnen weißlichen Pulver überzogen, das, wenn mich nicht alles trügt, aus ein wenig Schwefel, Gips und Tonerde bestand. Da indes nichts leichter ist, als irren, so will ich das Gesagte nicht für eine ausgemachte Wahrheit ausgeben; vielleicht war der gasförmige Stoff, den dies Wasser enthielt, und den ich für schwefelartige Luft ansah, nichts mehr, als Sumpfluft, entstanden aus den verfaulenden Vegetabilien, welche das Wasser in reicher Menge enthielt. Indessen würde es der Kunst, wenn sie sich mit der Natur vereinigte, ein leichtes sein, dieses Mineralwasser in ein wahres Schwefelwasser zu verändern.

Die zweite bemerkenswerte Quelle bei Schmechten beschreibt der Herr von Beroldingen am genannten Ort, Seite 158. Sie befindet sich in einem Eichenwalde, dem man Alter und Mangel an guten Forstaufsehern ansieht, und hier am Abhange eines Hügels, oder eigentlicher, auf einem besonderen Hügel, den der Fuß des größeren Hügel trägt. Bei dieser Quelle fand ich genau alles, so wie es der Herr von Beroldingen beschreibt. Das Bassin der Quelle war indes beinahe wasserleer, und das wenige Wasser, welches es noch enthält, war von hineingefallenem, mehr als ein Fuß hoch aufgetürmtem Eichenlaub fast verschlungen. Das Wasser kocht und braust so heftig, dass man das Geräusch in ziemlicher Entfernung hören kann. Es scheint übrigens, ob das schon die Lage der Quelle begün-stigte, nicht abzufließen, sondern wieder zu versiegen, oder zu verdunsten. Der Herr von Berol-dingen hält die Ausdünstungen dieser Quelle für brennbare Luft; ich habe allen Fleiß auf ihre Untersuchung verwandt, ich fand aber keine andere Luftart hier, als Luftsäure. Diese steigt hier in einer so ungeheuren Menge aus dem Hügel auf, dass jeder Spatenstich, den man in die Erde macht, zu einer kleinen Grotte del Cane wird. Meine Begleiter und ich, wir wurden alle von der Wahrheit dieser Sache so sehr überzeugt, dass ich in der

Bestimmung des gasförmigen Bestandteils dieser Quelle nicht zu irren glaube, wenn ich ihn als lautere Luftsäure ansehe, und wenn ich annehme, dass alle die sonderbaren Wirkungen, die der Herr von Beroldingen von dieser Quelle und ihrem Dunste erzählt, Wirkungen der Luftsäure sind, die sich übrigens ganz gut mit ihren Eigenschaften vertragen. – Vielleicht ist wohl gar der kleine Hügel durch das ewige Empordringen der ungeheuren Luftmenge in die Höhe getrieben worden.

Vielleicht könnte man in seinem Innern der Natur ablernen, wie sie die Luftsäure bildet, oder wenigstens sehen, woher sie diejenige Luftsäure nimmt, die sie zur Verfertigung der Mineralwässer verwendet. Der Kunst würde es ein leichtes sein, hier eine Dunstgrube heraus zu zaubern.

Es würde mir nicht schwer fallen, hier noch ein langes Verzeichnis physikalischer Merkwürdigkeiten aus der Gegend von Driburg aufzustellen: da dieses aber nicht mein Zweck ist, und da sie uns nächstens eine weit geübtere Feder beschreiben wird, so will ich hier nur noch etwas von einem besonderen Vorfalle erwähnen, der zum Beweise dienen kann, dass die Natur im Innern der Erde um Driburg eine große Menge Luftsäure entwickeln muss. Ich habe oben gesagt, dass die Gebirge, welche den Driburger Kessel einschliessen, größtenteils an ihrem Fus beackert werden, unter diesen ist der kahle Steinberg – ein Kalkberg – derjenige, der überwiegend beackert wird. Hier pflügte ein Landmann seinen etwa auf hundert Fuß liegenden Acker im Frühjahr um, der Boden sank unter ihm ein, und unter seinen Füssen entstand ein kleiner Kessel von 4 Fuß Tiefe und 5 Fuß im Durchmesser. Aus diesem Kessel steigt die Luftsäure wie ein

56

Strom empor: sammelt sich Regenwasser in ihm, oder lässt man einige Eimer Wasser hineingiessen, so wird dies binnen kurzem zu einem wohlschmeckende Sauerling, und die Luftsäure braust durch dieses Wasser in großen Blasen auf.

Driburg – Eingang zum Kurpark mit Quellenhaus

Physische Beschaffenheit des Driburger Gesundbrunnens.

A. Das Wasser ist klar, und nur selten schwimmen fremde Teilchen in demselben.

B. Der Wärmemesser fällt, wenn er mit gehöriger Vorsicht in das Bassin herabgelassen wird, um 32. ¾ Grad [0,42 °C]. Er stand bei den neuesten Versuchen auf 82 ½ Grad Fahrenheit [28,1 °C], und fiel in der Quelle bis auf 49 ¾ Gr. [9,86 °C] Männer, die es wissen können, versicherten, dass die natürliche Wärme des Wassers zu allen Jahreszeiten dieselbe sei. Meinen Versuchen und dieser Beobachtung zufolge gehört das Driburger Wasser also nicht zu den kältesten Mineralwässern, und ich glaube hieraus folgern zu dürfen, dass die unterirdischen Gänge, durch welche es hinläuft, ehe es zu Tage kommt, in mittelmäßiger Tiefe von der Erdoberfläche entfernt sind.

C. Das Wasser kocht unter mächtigem Blasenwerfen auf. Die Größe dieser Blasen und das Rauschen bei ihrem Zerplatzen ist weit stärker, als ich sie bei irgend einem mir bekannten Mineralwasser gesehen habe. Die Luftsäure entweicht in ansehnlicher Menge, denn wenn die Türen des Brunnenhauses mehrere Stunden verschlossen bleiben, und man tritt nun ins Brunnenhaus, so ist es nicht anders, als wenn man sich in der Dunstgrube zu Pyrmont befände; man muss sich nach dem Ausgange umsehen, wenn man der ängstlichsten Beklemmung entfliehen will.

D. Der Geschmack des Wassers ist scharf, stechend, angenehm, säuerlich und eisenhaft. Man kann indes sehr viel Driburger Wasser trinken, ohne dass der Kopf so davon eingenommen wird, wie beim Pyrmonter, Spa und andern Mineralwässern. Den angenehm säuerlichen Geschmack behält das Mineralwasser sehr lange, man kann es eine lange Zeit offen stehen lassen, ohne, dass es ganz den faden Geschmack erhält, den andere an Luftsäure ärmere Mineralwässer binnen eines Zeitraumes von 6 bis 18 Stunden erlangen, wenn man sie offen hinstellt. Dies alles scheint mir ist Beweis, dass das Driburger Wasser, erstens sehr viele Luftsäure enthält, und dass es zweitens sehr innig damit verbunden sein muss. Mehrere Beweise für diese Sache findet man beim Herrn von Beroldingen.
Irre ich nicht, so trägt zu dieser genauen Vereinigung des Wassers und der Luftsäure, die absorbierende Erde, die im Pfunde Wasser etwa 8 Gran [nach Nürnberger Apothekergewicht 480 mg] beträgt, das Ihrige bei, und dann wird die Luftsäure, die hier die

Erde auflöst und bindet, wieder von ihr an das Wasser gebunden werden.

E. Das Wasser ist ohne allen Geruch; man müsste denn das Geruch nennen, dass das Wasser, wenn man es fließend schöpft, die Luftsäure unter heftigen Schäumen fahren lässt, und durch diese, wenn man das Gefäß nun schnell in die Höhe hebt, den Geruchswerkzeugen eine prickelnden Empfindung erteilt.

F. An den Orten, wohin das Wasser abfließt, setzt es ausnehmend viel rotgelben Ocker ab, weit mehr, als manche andere Mineralquelle. Ja, in einer Entfernung von mehr als 1000 Schritten, ist das Mineralwasser noch so reich an Eisen, dass es alles was es berührt, mit Eisenocker überzieht.

Bad Driburg heute

An den Quellen zu Pyrmont

Frontispiz der Schrift von Westrumb über Pyrmont:
Physikalisch-chemische
Beschreibung
der
Mineralquellen
zu
Pyrmont
Leipzig 1789

Pyrmont 1738 – links Brunnenhaus und Brunnenallee

Nach Pyrmont, in das berühmte Bad, bin ich von Hameln aus häufiger gereist. Dort haben mich nicht nur die heilkräftigen Mineralquellen sonder auch die Dunsthöhle besonders interessiert, so dass ich darüber mehrere Arbeiten aufgrund eigener Untersuchungen geschrieben habe.

1789 veröffentlichte ich dann auch eine eigenständige Schrift über die Pyrmonter Wässer. Im Vorbericht schrieb ich:
Ich überreiche hier meinen gütigen Lesern eine Beschreibung von Versuchen, die ich mit den Pyrmonter Mineralwässern angestellt habe. Man findet diese Versuche zwar schon im fünften Heft meiner kleinen chemischen Schriften abgedruckt, da es aber nicht zu erwarten steht, dass jeder Freund Pyrmonts, jeder Besitzer des klassischen Werks, das wir über diesen Gesundbrunnen haben,

auch Freund der gesamten Scheidekunst ist, um dieser einzigen, ihn allein interessierenden Abhandlung willen in Besitz meiner Schriften setzen werde, so habe ich diesen besonderen Abdruck meiner Versuche veranstalten lassen. Die Freunde des Pyrmonter Mineralwassers können das alles nun hier umfassender lesen, was der Herr Leibmedikus Marcard in einer Beschreibung von Pyrmont kurz zu berühren gezwungen war. Es wird die größte Belohnung für meine Arbeit sein, wenn sie zum Beweise dient, das herrliche Pyrmonter Mineralwasser sei wirklich der allgemeinen Schätzung wert.

Diesen Text im Vorbericht meiner Untersuchungen schrieb ich im Januar 1789 in meiner Apotheke in Hameln. Im Juli 1788 war ich persönlich am Ort der Quellen gewesen. Der Hofmedikus in Hannover Heinrich Matthias Marcard, etwa in meinem Alter, hatte Medizin in Göttingen studiert und war 1775 von Fürst Friedrich von Waldeck als Brunnenarzt nach Pyrmont berufen, wo er jeweils im Sommer praktizierte. Er veröffentlichte seine Schrift über Pyrmont unter dem Titel „Beschreibung von Pyrmont" im Jahre 1784.

Der bereits im selben Jahr verstorbene schwedische Chemiker Torbern Olof Bergman war Professor für Chemie an der Universität von Uppsala gewesen. Er gilt als der größte Scheidekünstler, d.h. Analytiker, seiner Zeit. Er untersuchte 1774 und 1775 außer mehreren Mineralwässern Deutschlands auch das Pyrmonter Mineralwasser. er räumte diesem Wasser, seinen Versuchen zufolge, die erste Stelle unter allen eisenführenden Mineralwässern ein, die man in Schweden aus der Fremde erhält.

Die damals von Bergman bekannt gemachte Analyse dieses Mineralwassers ist zwar ein Meisterstück der Scheidekunst und eines so großen mathematisch-genauen Mannes, wie er war, ganz würdig. Die Versuche sind aber in Uppsala, somit 200 Meilen von der Quelle, und solchem Pyrmonter Wasser angestellt worden, das alles Ungemach einer langen Reise ausstehen musste, ehe es in seine Hände und in sein Laboratorium gelangte. Nun hat freilich der weiteste Transport keinen, oder doch nur einen sehr geringen Einfluss auf ein so glücklich gemischtes Mineralwasser, wenn es gut verkorkt und verpicht ist, und gehörig verpackt wird. Es ist auch keinem Zweifel unterworfen, dass der vorsichtige Bergman seine Versuche mit möglichst konserviertem Wasser angestellt haben wird, indes ist es doch mehr als wahrscheinlich, dass es leicht einen Teil des belebenden Prinzips, der Luftsäure, eingebüßt haben könnte, ehe es Bergman untersuchte. Die fixen, d.h. festen Bestandteile dagegen können auch beim weitesten Transport unmöglich verloren gehen oder eine Veränderung erfahren.

Den angenehmen prickelnd säuerlichen Geschmack behält das Pyrmonter Wasser zwar lange, aber das Berauschende verliert sich etwas, vor allem dann, wenn man es in Gefäßen aufbewahrt, die nicht genügend verschlossen sind.

Pyrmont und seine seit mehr als einem Jahrtausend bekannten und seit Jahrhunderten berühmten und besuchten Mineralquellen liegen in einem über alle Beschreibung schönen und herrlichen Tale. Die Natur hat alle ihre Kräfte angewandt, um dies Tal zu einem der schönsten, ruhigsten und gesundesten in ganz Deutschland zu machen: alles ist hier über Erwartung schön.

Grüne blumenreiche Wiesen grenzen an fruchtbare Felder, ein klarer sanftwallender Bach bewässert sie, und hohe waldbekränzte Berge erheben ihr Haupt und umschließen das Ganze.

Ich beschränke mich im Folgenden, im Unterschied zu meiner ausführlichen Abhandlung über die Zusammensetzung bzw. Gesteinsarten der Berge auf die von mir ausführlich untersuchten Quellen.

In der Tiefe wird das Tal von einem kleinen Flusse, der Emmer durchschnitten. Nahe an und um dieses Flüsschen findet sich der fetteste, fruchtbarste Boden, der etwas tonig ist, und um so lockerer und torfartiger wird, je näher man dem diesseitigen oder jenseitigen Ufer der Emmer kommt.

So finden sich an mehreren Stellen des Tales, etwa 150 Schritte vom Hauptbrunnen und ganz nahe bei einigen noch nie benutzten Eisensäuerlingen, – nicht Schwefel und Schwefelkies, wie Seip wähnte, – sondern mächtige Lagen, Bänke und Blöcke von eisenhaltigem Tuffstein. Nimmt man die Hauptquelle zum Standpunkt an, so liegt der Tuffstein von dieser nordwestlich; er verbreitet sich weit durchs Tal hin, genau dem Laufe gemäß, den die ihn absetzenden Quellen in älteren und neueren Zeiten genommen haben.

Man glaube ja nicht, daß dieser Tuffstein eine Ausgeburt der Pyrmonter Mineralquellen ist; diese Quellen hatten immer einen ganz andern Lauf. Es ist auch durchaus unmöglich, daß sie den Tuffstein abgesetzt haben können, da sie weit weniger Kalkerde enthalten, als zur Bildung eines solchen Gesteins erfordert wird. Vielmehr setzten ihn einige Quellen ab, die weit höher als die Mineralquellen und nordwestlich von ihnen liegen: man belegt sie allgemein mit dem Namen der Steinquellen. Das Wasser dieser Quellen führt eine beträchtliche Menge Kalkerde und ein wenig Eisen, die beide in Luftsäure aufgelöst sind, und in größerer oder geringerer Menge abgesetzt werden müssen, so wie die Luftsäure verfliegt.

Die Stoffe, welche die Pyrmonten Mineralwässer eigentlich absetzen, oder vielmehr ehemals abgesetzt haben, finden sich an einer ganz andern Stelle des Tales. Zu einer Zeit, da diese Quellen noch ihre Freiheit hatten, und ungehindert ihren Lauf dahin nehmen konnten, wo die niedrigste Verflächung war, nahmen sie ihren Lauf nach Süden. Im südlichen Teils des Tals findet man unterhalb den Quellen eine hohe Lage braunrother Ockererde, die aus Eisen-, Kalk-, Magnesiumsalze und Calciumsulfat, also aus nicht anderem als den erdigen Stoffen besteht, welche die Pyrmonter Quellen enthalten. Die Mineralquellen bildeten diesen Niederschlag in der Vorzeit, da sie durch nichts eingeschlossen, durch nichts in ihrem Laufe aufgehalten wurden. Sie setzten damals das Eisen und die Erden ab, so wie sie nach und nach durch Verfliegung der Luftsäure immer unfähiger wurden, diese Stoffe ferner aufgelöst zu halten.

Das ganze Tal ist reich an Quellen, sie sind aber nicht alle mineralisch, sobald man nämlich als den Haupt-Charakter einer Mineralquelle festsetzt, daß sie Eisen, luftgesauerte Erden, Neutral- und Mittelsalze enthalten soll, denn sonst verdienen alle Quellen, selbst die so genannten süssen Wasserquellen in und um Pyrmont, dem Namen Mineralwasser, weil sie alle Luftsäure enthalten, und mehr oder weniger säuerliche schmecken. Da aber diese geringhaltigen Quellen gemeiniglich im Winter zufrieren, und nie mit der Gewalt fließen, wie die wahren Mineralquellen zu Pyrmont, so sind sie auch weit flächern Ursprungs, und verdienen den Namen Säuerlinge oder Sauerbrunnen nicht, den man ihnen an andern Orten beizulegen nicht ermangeln würde.

Die Quellen, die man in Pyrmont am häufigsten nutzt, und denen es seinen berühmten Namen verdankt, sind der Haupt- oder Trinkbrunnen; der große Bade- oder Brodelbrunnen; der niedere Badebrunnen; der Augenbrunnen und der Säuerling.

Die Quellen liegen fast alle, den Säuerling ausgenommen, nahe beieinander, an der erhabenen und nördlichen Gegend des Tals und am Fuß des Königsberges, nämlich da, wo seine Lagen die niedrigste Verflächung haben, und sich gegen den Bomberg hinziehen.

Die Hauptquelle, der vornehmste und edelste Teil, den man billig zuerst nennen muß, wenn von den physischen Merkwürdigkeiten des Pyrmonter Tals die Rede ist, liegt nördlich und auf der höchsten Stelle des Tals. Er ist mit einem achteckigen Gebäude überbaut, und dieses mit einer Kuppel verziert.

Die Einfassung der Quelle ist zirkelrund, oben besteht sie aus gehauenen Sandsteinen, und unten aus starken eichenen Bohlen. Der Durchmesser dieser Einfassung, dicht über dem Spiegel des Wassers, ist 3 Fuß 7 ½ Zoll kalenbergisch. Am äussersten Ende der steinernen Einfassung aber, da wo das Mineralwasser indes nie hinreicht, beträgt der Durchmesser 4 Fuß.

Die Einfassung der Quelle liegt um einige Fuß tiefer als der Boden, auf welchem das Brunnengebäude ruht. Man hat sie mit einer Galerie umgeben, um welche sich die Kurgäste einfinden.

Das Wasser fließt aus dem Bassin in einer Röhre fort, die unter der Erde liegt, fällt dicht neben dem Brunnenhause in einen viereckten steinernen Kasten, und wird von hier unter dem Steinpflaster hin, durch andere Röhren, in die Abzugsgraben und ins Tal geleitet.

Die Tiefe des Brunnens, vom Spiegel des Wassers bis an seinen Boden, ist 3 ½ Fuß. Ein Paar Männer schöpfen das Wasser binnen 4 Minuten mit einem Eimer völlig aus. Es fließt schnell wieder zu, erhält in 26 Minuten seine vorige Höhe wieder, und fließt schon in der 16ten Minute durch die Abzugsröhre wieder ab.

Sonderbar ist's, daß das Wasser während diesem Zeitraume gewissermassen nach einer abnehmenden Progression wächst. In den ersten 3 Minuten erhält es eine Höhe von 1 ½ Fuß, in den folgenden wächst es um ¾, dann um 3/8, dann nimmt es immer in weit geringerem Grade zu, bis es endlich im Anfang der 16ten Minute seine volle Höhe hat. Diese Erfahrung kann man zu jeder Jahreszeit, und bei jeder Witterung, Sommer und Winter, bei Dürre und Nässe machen. Ich glaube, daß die Sache selbst vom Druck der immer wachsenden Wassersäule herrührt, und daß der Zufluß des Wassers in eben der Maase abnimmt, wie die Höhe der Wassersäule und der Druck zunimmt, den sie auf die unterirdischen Kanäle äußert.

Nimmt man die gegebenen Data, den Durchmesser des Bassins, und die Höhe der Wassersäule zusammen, und legt sie zum Grunde der Rechnung, um den kubischen Inhalt der Wassermenge im Bassin zu finden, so zeigt sich, daß dieser etwas mehr als 32 Kubikschuh beträgt. Da nun binnen 16 Minuten der Stand des Wassers im Bassin seine größte Höhe erreicht, so erhellet daraus, daß die Pyrmonter Hauptquelle 32 Kubikschuh in 16 Minuten und 120 Kubikschuh in einer Stunde giebt.

Ferner fand ich durch mehrere Versuche das mittlere Gewicht eines Duodezimal-Kubikzolles Pyrmonter Wassers gleich 304 Gran; ein Kubikschuh wird also 70 Pfund 10 Unzen, und 32 Kubikfuß 2260 Pfund wiegen. So ansehnlich ist demnach die Menge Wasser, welche die Pyrmonter Quelle in 16 Minuten liefert, und in einer Stunde lassen sich nicht weniger als 8475 Pfund Wasser ausschöpfen.

[Erläuterung: Ohne die Volumenangaben im Einzelnen erläutern bzw. in unsere Maßeinheiten umzurechnen, entspricht das Endergebnis von 8475 Pfund Wasser in einer Stunde nach dem Nürnberger Apothekengewicht – bis 1870 gültig – etwa 3000 Liter/h.]

Der Bade- oder Brodelbrunnen liegt 44 Fuß von der Hauptquelle. Er ist frei, unbedeckt und offen, und blos mit einer Gallerie umgeben. Das Bassin dieses Brunnens ist von Holz, achteckigt, und hat 12 Fuß im Durchmesser.

Die Tiefe des Brunnens fand ich an allen Orten nicht gleich, an einigen betrug sie 3 ½ Fuß, an andern 4 Fuß und darüber. Da man nun die Menge Wasser gleichfals nicht genau messen kann, welche in einem gegebenen Zeitraume durch die Abzugsröhren abfließt, so bin ich auch nicht im Stande, die große Wassermenge zu bestimmen, welche diese unerschöpfliche Quelle stündlich gibt.

In der Gegend um diesen Brunnen entwickelt sich eine sehr große Menge Luftsäure. Rund um das Bassin dringt beständig Luftblase an Luftblase durch das Steinpflaster in die Höhe.

Der alte oder niedere Badebrunnen entspringt 112 Fuß vom Hauptbrunnen. Man hat ihn in ein achteckigtes Bassin von eichenen Bohlen eingeschlossen. Das Wasser dieser Quelle wird fast gar nicht gebraucht.

Der Augenbrunnen, die viel Ähnliches mit dem Hauptbrunnen hat, nur daß er an Bestandtheilen weit ärmer ist, entspringt 116 Fuß von der Hauptquelle, und ist in eine gemauertes, länglicht vierecktes Bassin eingeschlossen. Er hat seinen Namen daher, daß die mit Augenschäden behafteten Kranken die Augen in seinem Wasser zu baden pflegen.

Der Säuerling, der äußerste unter den Pyrmonter Quellen, liegt sehr hoch und der Berghöhle nahe. Er quilt in einem Gewölbe, das man in den Felsen getrieben hat, und etwa 12 Fuß unter der Oberfläche der Erde. Das Wasser fließt von hier in ein kleines steinernes Bassin, wo es geschöpft werden kann, und von da in ein großes vierecktes Reservoir, aus welchem der Springbrunnen an der Allee das Wasser erhält. Man hat einen Teil des großen Reservoirs zu einer neuen Anlage benutzt, und hier ein so genanntes Stürz- oder Plongir-Bad angelegt.

Außer diesen berühmten Quellen gibt es nach Westen hin, wenn man den Hauptbrunnen als Standort wählt, auf mehrere hundert Schritte von diesem entfernt, mehr als einen wahren eisenführenden Säuerling. In Südwesten finden sie sich noch viel weiter von der Hauptquelle entfernt auf allen Wiesen.

In Norden von der Hauptquelle entspringen unterhalb dem Säuerling, als der äußern nördlich und am höchsten gelegenen Quelle, einige an Luftsäure sehr reiche Eisenwässer, die man aber so wenig wie viele andere benutzt, weil man ihrer nicht bedarf.

Alle diese Mineralquellen, den Neubrunnen nicht ausgenommen, den man weniger gebraucht als er es verdient, liegen am diesseitigen Ufer der Emmer, in größerer oder geringerer Entfernung von ihr, dagegen befindet sich in allen Quellen an jener Seite der Emmer keine Spur von Luftsäure oder Eisen. Dies ist sonderbar, und es scheint, als ob die Emmer die natürliche Grenze zwischen den Mineral- und süssen Wasserquellen ausmacht, denn auch die Salzquelle liegt hart am diesseitigen Ufer der Emmer.

Der Geburtsort der sämmtlichen Mineralquellen in Pyrmont ist unbekannt, und wird auch wohl unbekannt bleiben, da es eben nicht ratsam sein möchte sich genau nach ihm umzusehen oder danach zu suchen. Höchst wahrscheinlich ist er indes in einem der Gebirge, die diesseits der Emmer liegen, weil sich, wie ich schon gesagt habe, jenseits dieses Baches nichts mineralisches findet, also nördlich oder nordöstlich.

Bekannt ist es, und durch viele Erfahrungen bestätigt, daß alle Mineralquellen, es mögen nun die sogenannten Gesundbrunnen, oder auch nur Kochsalzquellen sein, sich immer am Ausgehenden eines Flötzgebirges finden: da dies überall statt hat; so wird es auch in Pyrmont so sein, Nun ziehet sich unter den Bergen, die Pyrmont umgeben, keiner, den Bomberg nicht ausgenommen, so sehr ins Tal hinab als der Königsberg, ja die Quellen scheinen selbst auf dem Ausgehenden dieses Flötzes zu ruhen. Höchst glaublich ist mir's daher, daß im Innern dieses Berges die Werkstatt liegt, wo die Natur die Stoffe zur Bildung aller Mineralquellen in und um Pyrmont, und selbst zur Sohle des Salzbrunnens hernimmt. Der Geburtsort der Salzquelle wird indes weit tiefer im Innern des Berges liegen, als der Geburtsort der Mineralquellen. Dies lehrt der schwache Sprung dieser Quelle und der tief Stand des Orts, aus dem sie zu Tage gebracht wird. Der rasche Sprung der Mineralquellen beweist dagegen, daß sie irgend einer Höhe im Innern des Gebürges herabkommen, und ihre natürliche immer gleiche Wärme zeigt, daß die Kanäle, durch welche sie hinströmen, zwar sehr tief liegen, aber der Erdoberfläche doch weit näher sein müssen als der Salzstock, wo die Salzquelle gebildet wird.

Im Königsberge ist also höchst wahrscheinlich der Geburtsort der Pyrmonter Mineralquellen, und im Bomberge wird der Geburtsort der oben erwähnten Steinquellen sein. Versuche, die ich mit einigen Stoffen aus diesen Bergen angestellt habe, setzen diese Vermuthung fast bis zur Gewißheit fest.

Der übrigen physikalischen Merkwürdigkeiten von Pyrmont, des Neubrunnens und der Dunsthöhle, habe ich in meinen Kleinen physikalisch-chemischen Abhandlungen gedacht.

Die Beschreibung der Erdfälle, des Salzbrunnens, der vortreflich eingerichteten Saline, so wie die Beschreibung der herrlichen Anlagen, welche die Kunst hier gemacht hat und noch täglich macht, der Bade- und jeder andern Anstalt, gehört nicht zu meinem Zweck. Wer das Alles, wer Pyrmont, seine Schönheiten, welche die Natur gab und die Kunst veredelte, genau kennen und recht schätzen lernen will, der wird doch immer zu des Herrn Leib-Medicus Marcard unnachahmlicher Beschreibung von Pyrmont seine Zuflucht nehmen.

Z w e y t e r A b s c h n i t t.
Von dem Trinkbrunnen und seinen Bestandtheilen.
§. 1.
Physische Beschaffenheit des Mineralwassers.

Das Wasser ist klar und kristallhelle; nie sah ich etwas Fremdes darin, ich mochte es nun bei gutem und hellem Wetter, oder an trüben regnigten Tagen untersuchen.

Die natürliche Wärme des Wassers ist sich zu allen Zeiten gleich, 56 Grad nach Fahrenheit's [13,3 °C] und 10 Grad nach Reaumürs Skale [12,5 °C], wie der Wärmemesser im Schatten auf 95° [35 °C] stand. So fand es der Fürstliche Waldecksche Leibarzt Herr Hofrath Giesecke zu allen Jahreszeiten, im strengsten Winter und im heißesten Sommer. So fand ich es bei meinen jüngsten Versuchen, im Juli 1788. Ich bediente mich bei diesen Versuchen eines von Ring in Berlin verfertigten Wärmemessers, ließ diesen zuerst an einem seidenen Bande ins Wasser hinab, zog ihn nach Verlauf von 15 Minuten herauf, und fand 56° für die Temperatur des Wassers, dann stellte ich den untern Teil des Wärmemessers in eine steinerne Büchse, umschüttete die Kugel und den untern Teil der Skale mit Sand, und ließ nun diese Vorrichtung eine Vierteil, ja eine halbe Stunde im Bassin hängen, nahm sie dann heraus, und fasste bloß die Büchse mit der Hand an. Durch dieses Verfahren verhinderte ich, daß die Atmosphäre oder der Hauch des Beobachters nicht so leicht auf den Wärmemesser wirken und den Stand des Quecksilbers verrücken konnte. Ich wiederholte diese Versuche mehrere male am Tage, fand immer ein und dieselbe Temperatur. Bei einem der letzten dieser Versuche, am 12ten Juli, stand der Wärmemesser in freier Luft und im Schatten auf 89° [31,7 °C], und fiel im Brunnen schnell 33 Grade; das Quecksilber stand und blieb bei 56° stehen, ich mochte die Vorrichtung so lange in der Quelle lassen als ich wollte.

(Hilmar Adolph Ludwig GIESECKEN (1727-1802) studierte Medizin in Göttingen, Promotion 1752. Er war zunächst als Hofmedicus in Pyrmont, ab 1772 in Arolsen ansässig.)

Das Pyrmonter Wasser sprudelt, kocht aber nicht mit Heftigkeit auf; es werden hier auch keine so großen Luftblasen entwickelt, wie in der Driburger Hauptquelle; ja, es brauset auch nicht so gewaltig zu Pyrmont, wie im Innern des Meinberger Reservoirs. Man hat dies der Pyrmonter Quelle als Fehler anrechnen und Mangel an Luftsäure daraus beweisen wollen; es ist aber kein Fehler, und zeigt keinesweges einen Mangel gasförmiger Stoffe an. Was zu Driburg und Meinberg geschieht, das würde zu Pyrmont in eben so hohem und noch höherem Grade geschehen, wenn Lokalumstände es nicht verhinderten.

Die Quelle zu Pyrmont ist nur 3 ½ Fuß tief, die zu Driburg aber 14 Fuß. In der Pyrmonter Quelle kann demnach jedes Luftbläschen, so wie es aus dem Boden aufsteigt, schnell die Oberfläche des Wassers erreichen und zerplatzen, da es keinen starken Widerstand findet. In Driburg haben die Bläschen dagegen den Druck einer 14 Fuß hohen Wassersäule zu überwinden und steigen daher nur langsam auf. Der Druck dieses hohen Wassersäule treibt außerdem die leichten Luftblasen gegen die Seitenwände des Bassins; hier können sie nicht ferner ausweichen, es sammeln sich nach und nach mehrere, vereinigen sich zu einer einzigen großen, und durchdringen nun das Wasser mit den gesamten Kräften. Daher steigt auch die Luftsäure in der Quelle zu Driburg selten in der Mitte, sondern meistens an den Seiten des Bassins auf. In Pyrmont ist dagegen kein Pünktchen der Quelle, in dem nicht Reihen von Bläschen andere Reihen verdrängen sollten.

In Meinberg quillt das Mineralwasser in einer großen Tiefe, und mitten in einer hohlen Kammer. Das geringste Geräusch, welches die Luftbläschen beim Aufsteigen und Zerplatzen machen, hallt hier zehnfach wieder, und verursacht das Getöse, welches den Unerfahrenen in Erstaunen setzt.

Alles erwogen, so ist es nichts weniger als ein richtiges Argument, wenn man von der Größe der Luftblasen und vom Geräusch, welches sie beim Aufsteigen und Zerplatzen erregen, auf die Menge gasförmiger Stoffe schließen will, die dieses oder jenes Mineralwasser enthält. Man muss zugleich auf die Menge dieser Blasen, auf die Schnelligkeit, mit der sie sich einander drängen, auf die Tiefe der Quelle, überhaupt aber auf alle

Lokalumstände in, um und bei der Quelle achten, wenn man ein richtiges Urteil fällen will. Da möchte denn wohl das Pyrmonter Mineralwasser, in Hinsicht auf die Menge der Luftsäure, die sich rauschend vom Boden der Quelle bis zum Spiegel erhebt, keiner unter den mir bekannten Mineralquellen etwas nachgeben.

Mit Vergnügen habe ich oft einem angenehmen Schauspiele zugesehen. In den Stunden, da das Brunnenhaus verschlossen und die Quelle völlig in Ruhe ist, sammelt sich über ihrem Spiegel eine beträchtliche Menge Luftsäure, welche eine eigene Dunstlage ausmacht, und die ganze Quelle bedeckt. Mehrere Versuche, die man angestellt hat, beweisen dies.

Diese Dunstlage entsteht aus einer zahllosen Menge kleiner Blasen, welche sich unter stetem säuselnden Geräusch vom Boden der Quelle bis zum Spiegel erheben, da zerplatzen, Luftsäure und Wasserdunst in die Höhe spritzen und die Quelle oft ganz mit Blasen bedecken. Wahrlich es ist ein reizendes Schauspiel in dem dauernden Entstehen und Verschwinden dieser Luftblasen. Die Annehmlichkeit des Schauspiels wächst, wenn sie bei hellem Sonnenschein die Lichtstrahlen in den aufspritzenden Wasserbläschen fangen, und mit mannigfaltigen Farben zurückgeworfen werden.

Der Geschmack des Wassers ist höchst angenehm, stechend, säuerlich, dem Champagner-Wein gleich und eisenhaft. Trinkt man es in einiger Menge, so berauscht es, nimmt den Kopf ein, und macht schwindelig.

So empfand es auch Bergmann 200 Meilen von der Quelle. Was würde er gesagt haben, wenn er es an der Quelle hätte trinken können?

Diese berauschende Kraft hat das Mineralwasser von der großen Menge Luftsäure, durch die es belebt wird; kein Mineralwasser tut es ihm darin gleich, viel weniger zuvor.
Ich kenne Personen, die nicht drei Glas Pyrmonter Wasser trinken können, ohne den Brunnenrausch zu empfinden, diese und andere, die bei kleinen Portionen Brunnen arbeiten und den Geist anstrengen wollen und müssen, trinken immer lieber ein anderes so geistiges Mineralwasser.

Den angenehmen prickelnd säuerlichen Geschmack behält das Pyrmonter Wasser zwar sehr lange, aber das Berauschende verliert sich in etwas, vor allem wenn man es in Gefäßen aufbewahrt, die nicht recht verschlossen sind. Die Ursache davon wird man im Folgenden finden.

Das Pyrmonter Wasser enthält eine beträchtliche Menge, fast das Doppelte seines Umfanges an Luftsäure. Ein großer Teil dieser Luftsäure ist das Auflösungsmittel der Erden, die es führt, und des Eisens; dieser Teil ist innig mit den gedachten Stoffen und dem Wasser verbunden. Ein zweiter sehr beträchtlicher Teil hängt bloß mit dem Wasser zusammen, und ist, wie jede Verbindung des Wassers und der reinen Luftsäure, nicht fest damit vereinigt, wenigstens ist diese Verbindung lange nicht so innig wie bei solchen Mineralwässern, die mehr erdige Stoffe enthalten. Das Driburger Wasser mag hier zum Beispiele dienen.

Ich habe gleich große Gefäße, die mit Pyrmonter und Driburger Wasser gefüllt waren, bald leicht verkorkt, bald offen, einer mittleren Temperatur und der freien Luft ausgesetzt. Das Driburger Wasser behielt weit länger einen Teil Luftsäure zurück, wenn das Pyrmonter längst etwas derjenigen Luftsäure eingebüßt hatte, die es, um das Eisen und die Erden aufgelöst zu erhalten, auch nicht bedurfte, denn nur dieser Teil ist es, der geschwinder aus jedem Mineralwasser entweicht. In diesem Zustande hat das Pyrmonter Wasser nun den höchst angenehmen Geschmack, und die berauschende Kraft nicht ganz so stark mehr, wie das frisch-geschöpfte, oder in vorsichtig verkorkten Gefäßen aufbewahrte.

Man scheint dem Pyrmonter Wasser diese Eigenschaft, dass es einen Teil der Luftsäure in offenen oder schlecht verschlossenen Gefäßen einbüßt, als einen Fehler anzurechnen. Erwägt man aber alles genau, so ist es kein Fehler, sondern eine Eigenschaft, die von der großen Menge ungesättigter Luftsäure zeugt, welche das Wasser enthält. Die Verbindung ungesättigter Luftsäure zeigt, welche das Wasser enthält. Die Verbindung ungesättigter Luftsäure mit dem Wasser ist, wie ich schon gesagt habe, nicht sehr innig, denn soll sie es sein, soll ein Mineralwasser wenig oder nicht von seinem eigentümlichen Geschmack, von seiner Stärke, seinem belebendem Geist einbüssen, so muß es erstens sehr viel Erde enthalten, zweitens nicht wärmer als 10 °C und drittens nicht mit Luftsäure übersättigt sein. Die Erden binden die Luftsäure, und jener Wärmegrad verringert ihre Flüchtigkeit; beides vermindert aber auch ihre Kräfte, macht sie stumpfer und minder wirksam.

Jene drei Beschaffenheiten besitzt das Driburger Wasser; es enthält mehr erdige Stoffe und weniger Luftsäure als das Pyrmonter, und hat an der Quelle nur 10 °C Wärme. Da nun aber das Pyrmonter Wasser, wie wir oben gesehen haben, 13,3 °C hat, also um 3,3° wärmer ist als das Driburger, so muss die Luftsäure, wegen der größern Menge an Wärmestoff, den sie enthält, weit elastischer, also weit feiner, wirksamer und durchdringender, aber auch weit flüchtiger sein als in jedem andern Mineralwasser, das diesen Grad der Wärme nicht hat. Ob dies nun ein Fehler sei, dies mögen andere beurteilen. Mir wird daraus erklärlich, warum das Pyrmonter Wasser so starke berauschende Kräfte äußert, warum es so heftig schäumt, aufbraust und zahllose kleine Blasen wirft, wenn man es mit einem Stoße schöpft – Eigenschaften, die ich nirgend in der Stärke gesehen habe. –

Das Schäumen entsteht von der Ausgedehntheit und Feinheit der Luftsäure und von der Leichtigkeit, mit welcher ein Teil des großen und zur Sättigung nicht nötigen Übermaßes das Wasser verläßt. Allein wen auch dieser Teil verloren gegangen, so behält das Wasser doch noch eine ansehnliche Menge Luftsäure zurück. Versuche lehrten, dass das Wasser nur ein Fünfzehntel, höchstens ein Zehntel der ganzen Menge einbüßt. Eben daher fand auch Bergmann im Jahre 1774 und ich im Jahre 1783, weil wir diesen Umstand nicht kannten, und auf einige Neben-umstände bei der Operation nicht achteten, weit weniger Luftsäure im Pyrmonter Wasser als es wirklich enthält: es sei nun die Rede von frisch-geschöpftem, oder veraltetem Pyrmonter Wasser.

Das Pyrmonter Wasser hat keinen Geruch; ich habe es in dieser Absicht sehr oft untersucht, nie aber etwas daran bemerken können. Ehemals legte man dem Wasser einen schwefelartigen Geruch bei, man irrte, denn im Pyrmonter Wasser ist nicht ein Stäubchen Schwefel, oder irgend eines schwefelartigen Stoffes zu finden, und was man so nannte, ist nicht der Stoff selbst, sondern eine Eigenschaft des Stoffes, der Luftsäure, die sich aus dem Wasser entwickelt und den Geruchswerkzeugen eine prickelnde Empfindung erteilt.

Im Bassin setzt das Wasser nur wenig Eisenerde ab. Auf dem Boden der Quelle findet sich nichts von der Art, und der rote Überzug, der die Einfassung bedeckt, ist kaum eine Linie stark. Wenn aber das Wasser einige Zeit in den Abzugsgraben der Luft bloßgestellt gewesen ist, so setzt es auf weite Entfernungen von der Quelle hin eine beträchtliche Menge rotgelber Erde, eine Mischung aus Eisen, Kalk und Bittersalzerde ab.

Von der neuen MURIATISCH-SALINISCHEN MINERALQUELLE zu Pyrmont

Nebst EINER CHEMISCHEN PRÜFUNG
Ihres MINERALWASSERS:

Von

JOHANN FRIEDRICH WESTRUMB
Bergcommisair, Senator und Apotheker,
HANNOVER bei den Gebrüdern Hahn.
1797.

Die **Hahnsche Buchhandlung** wurde im Oktober 1792 von Heinrich Wilhelm Hahn dem Älteren (1760-1831) aus Lemgo als Sortiments- und Verlagsbuchhandlung gegründet. Das Stammhaus war bis 2013 (danach in Peine) in der Leinstraße – auch als Hof-Buchhandlung. Nach dem Eintritt des Bruders Bernhard Dietrich Hahn (gest. 1818) firmierte sie zeitweise auch unter Gebrüder Hahn. Sie zählte zu den bedeutendsten Buchhandlungen und Verlagen in Hannover mit dem Schwerpunkt geschichtswissenschaftlicher Werke.

Vorbericht.

Pyrmont, dieser von der Natur so reichlich und mit mehreren Gesundbrunnen ausgestattete Curort, ist, wie meinen Lesern nicht unbekannt sein wird, durch die Bemühungen des Herrn Geheimen-Raths Trampel, vor wenigen Jahren mit einem neuen

Mineralbrunnen beschenkt worden, der in die Klasse der kochsalz-artigen gehört.

Man gab diesem neuen Brunnen bei seiner Entdeckung, den Namen Mineral-Salz-Brunnen, teils weil sein Haupt-bestandteil in Kochsalz besteht; vermutlich aber auch um ihn sowohl von dem alten Salz- oder Sohlen-Brunnen, als von dem schon lange bekannten Neubrunnen hinreichend zu unter-scheiden. Dieses letztgenannte Mineralwasser, das wenig oder gar nicht gebraucht wird, quillt in der sogenannten niedern Wiese, etwa 750 Schritte oberhalb der neuesten Mineralquelle und enthält gleichfalls Kochsalz in nicht unbeträchtlicher Menge.*)
(*Marcards Beschreibung von Pyrmont II. B. S. 284.
Meine kleinen chemischen Abhandlungen, II. B. 2. Heft. S. 177.)

EXKURS zum Brunnenarzt TRAMPEL
Johann Erhard Trampel (1737-1817) wurde in Creuz-berg/Thüringen (Wartburgkreis) geboren. Über seinen Werde-gang ist nur wenig bekannt. 1762 erhielt er vom Grafen Simon August von Lippe (1727-1782) den Auftrag, die in Meinberg vorhandenen Quellen näher zu untersuchen. Er hatte sich zunächst als Arzt in Lemgo niedergelassen. In Meinberg gilt er als Gründer des Bades. Im historischen Kurpark wurde ihm 1987 zum 250. Geburtstag eine Büste gewidmet. Er wird als junger, ehrgeiziger Leibarzt ge-schildert, der den Grafen davon überzeugen konnte, das der Gesundbrunnen von Meinberg ebenso gut sei wie der von Pyrmont. 1767 wurde Meinberg Kurort. Trampel ließ einige Gebäude errichten und auch den ersten Brunnentempel an der heutigen Stelle. Als er jedoch das Wasser mit gewöhnlichem Kochsalz „verbesserte" und sich auch in

Hofintrigen verstrickte, musste er fliehen, floh 1793 ins Ausland nach Pyrmont und wirkte dort als zweiter Brunnenarzt neben Marcard.

Trampel entdeckte die eisenarme Solequelle neben der Saline und er ließ offensichtlich auf eigene Kosten 1794 das erste Pyrmonter Solebadehaus bauen. In Meinberg dagegen heißt es, ihm sei dort der Prozess gemacht worden, mit dem Ergebnis, dass sein Vermögen eingezogen worden sei. Da er jedoch außer Landes war, hat er dieses vielleicht doch gerettet.

Trampel erwarb das Haus des Brunnenarztes Seip (1686-1757) in der Brunnenstraße (heute Rathaus), in dessen Garten die nach ihm benannte Trampel'sche entsprang und nutzte sie für seine private Badeanstalt.

Ich kannte das neue und sogenannte Mineral-Salz-Wasser sonst nur aus der gedruckten Beschreibung, die der Herr Geheime-Rath Trampel davon gegeben hat**), aus mündlichen und andern Nachrichten+), wie ich mich aber im Sommer 1795 einige Zeit in Pyrmont aufhielt und aufhalten mußte, da besuchte ich diese Quellen sehr oft, liess mich auch endlich durch Bitten mehrerer Personen von Ansehen und durch meine eigenen Wünsche bewegen, dies neue Mineralwasser in seine jetzigen Zustande chemisch zu untersuchen.

**) Dr. J. E. Trampels Beschreibung von der neuen entdeckten salzhaltigen Mineralquellen zu Pyrmont. Berlin 1794-
+) Piepenbring, Physikalisch-chymische Nachricht von dem neuen sogenannten Mineral-Salz-Wasser auf der Saline bei Pyrmont. Leipzig 1793.

[s. dazu auch in: G. Schwedt, Georg Heinrich Piepenbring. Apotheker in Pyrmont, Meinberg, Karlshafen. Chemie-Professor in Rinteln, Norderstedt 2017 – darin auch über den Streit mit dem Salininspector Weber bzw. dem Badearzt Trampel.]

Oeffentlich sage ich hier dem damaligen Brunnendirector, Herrn Cammerrath Winterberg und dem Herrn Salininspector Weber für die Bereitwilligkeit Dank, mit der sie alle herbeizubringen bemühet waren, was ich zu einer solchen Untersuchung bedurfte. Dem Herrn Inspector Weber danke ich zugleich für die freundschaftliche und unermüdete Hülfleistung, die er mir gütigst zu Teil werden liess. Ohne ihn würde diese Untersuchung vielleicht, indem ich damals krank war und nur meine heitern Augenblicke auf sie verwenden konnte, nie zu Stande gekommen sein.

Da diese Untersuchungsarbeiten, während meinem Aufenthalte in Pyrmont, nicht ganz beendigt werden konnten; da ferner die erste Untersuchung des Mineralwassers mich selbst nicht völlig befriedigte, so nahm ich teils die Rückstände vom abgedampften Wasser, der neuen Quelle, teils auch frisch gefülltes Wasser aus der Hauptquelle hier mit her; und liess mir hernachmals, zu mehrerenmalen und zu verschiedenen Jahreszeiten, Mineralwasser aus dieser Quelle schöpfen und zu anderweiten Untersuchungen übersenden.

Zu Anfange des Sommers 1796 besuchte die neue Mineralquelle von Neuem, und wiederholte hier die meisten der schon vorhin angestellten Versuche. Ich beschaffte mir zugleich nochmals eine Quantität vom Rückstande dieses Wassers, und das frischgefüllte Wasser selbst, und untersuchte auch diese.

Auf diese Weise habe ich das neue Mineralwasser nicht blos einmal, sondern zu verschiedenen Zeiten und nach mehreren Methoden untersucht, und hier in seinem Gehalte sich fast immer übereinstimmend gefunden. Von diesen Untersuchungen, so wie vom jetzigen Zustande der Quelle und von einigen andern Materien, die dabei in Frage gekommen sind, oder noch in Frage kommen mögen, handelt die folgende kleine Schrift. Belohnung für mich wird es seyn, wenn sie der Leser befriedigt aus der Hand legt.

Hameln 1797. im April.

Joh. Frid. Westrumb.

Bad Pyrmont heute – Brunnenplatz

BESCHREIBUNG d e s GEGENWÄRTIGEN ZUSTANDES u n d CHEMISCHE UNTERSUCHUNG d e r MURIATISCH-SALINISCHEN M I N E R A L Q U E L L E zu Pyrmont.

I. Geschichte der muriatisch-salinischen Mineralquelle.

§. 1.

Vor vier oder fünf Jahren, wie der Herr Geheimerath Trampel sich häuslich in Pyrmont machte, liess er die Aufsuchung neuer, und bisher unbekannter, oder doch ungenutzter Quellen sein angelegentlichstes Geschäft sein. Er glaubte nämlich aus dem so verschiedenen Gehalte der Mineralbrunnen und der eigentlichen Sohlenquelle, die Folgerung ziehen zu dürfen, dass das Pyrmonter Thal nicht blos diese längst bekannten; sondern auch mehrere Andere, und selbst solche Mineralquellen enthalten würde und müsse, deren Hauptbestandtheil mineralisches Alcali im freien, oder blos an die Wassermasse gebundenen Zustande sei.

Mit dieser Idee und mit der bekannten Erfahrung ausgerüstet, dass sich die Quellen immer nach dem niedrigsten Teile eines Tales hinzusenken und da auszubrechen pflegen, stellte er seine Untersuchungen an, und fand seine Bemühungen endlich mit Auffindung einiger Kochsalzquellen belohnt, die sich in der Nähe des Emmerbachs finden liessen, der das Pyrmonter Thal bekanntlich durchströmet.*)

*) Dass der G. R. Trampel hernach noch mehrere Quellen, verschiedener Art, hinter seinem Wohnhause aufgefunden habe, ist eine Sache, deren ich hier nur beiläufig erwähne.

§. 2.

Hier nämlich, nicht weit vom Salz- oder Sohlenbrunnen und zwar hart am Bette der Emmer**) sahe er, auf dem flachen grandigen Emmerufer von Zeit zu Zeit Luftbläsgen, durch das auf ihm ruhende Wasser aufsteigen. Er liess an diesem Orte einschlagen, die Luftblasen mehrten sich und wurden um so häufiger, je mehr man in die Tiefe ging. Man umfasste die neue Quelle mit einem Erdwalle, und fand durch nähere Untersuchung bald, dass ein neues und brauchbares Mineralwasser entdeckt sei.

**) Herr G. R. Trampel sagt zwar (...): „er habe die Quelle am Bette des Canals entdeckt, der aus der Emmer abgeleitet worden, um das große Wasserrad im Umtrieb zu sezzen, welches das Kunstgestänge, so wie die gesammte Maschienerie beim Salzwerke in Bewegung hält." Er irrt aber in jenem Umstande. Der gedachte Canal liegt nemlich 400 Schritte oberhalb der neuen Quelle gegen Westen, treibt dort eine Mahlmühle, und speiset zugleich fürs Salzwerk ein Kunstrad an, das 30 Fuss hoch und 6 Fuss breit ist, und fliesst 450 Schritte unterhalb der Quelle wieder in die Emmer. Am Uferbette dieses Canals findet sich gar keine Spur von Salz- oder Mineralwasser, und kann daher die neue Quelle unmöglich auf dem Bette desselben ruhen. Eben so war es (...) keine Erhabenheit, sondern das flache grandige Emmerufer wo die Luftblasen aufstiegen. Man bedeckte, oder erhöhte diesen Platz hernachmals mit Erde und Rasen.

§. 3.

Der Umstand, dass die neue Quelle auf dem Ufer der Emmer gelegen war, das bei grossen Wasserfluten oft überschwemmt wird, erlaubte es nicht hier ein Reservoir für dieselbe vorzurichten. Man wählte daher einen andern Punct, der mit jenem in gerader Linie und so am Ufer der Emmer auf dem festen Lande, gelegen war, dass man hier das nämliche Mineralwasser zu finden die Hoffnung hatte. An diesem Orte wurde der Boden auf 12 Fuss ins Gevierte geöffnet und auf 6 Fuss Tiefe ausgegraben. Hier fand sich auf der 144 Quadratfuss betragenden Grundfläche ein solcher Reichtum von Quellen, dass man mehrere fassen, die reichhaltigsten aber zum Badewasser bestimmen konnte. Man theilte nemlich den ganzen Platz in zwei Hauptbehälter[s.Anm.], stampfte den Raum zwischen beyden auf 2 Fuss Breite mit Erde aus, fasste beide Behälter nun mit starken eichenen Bohlen ein, und nder salzreichen Quellen. Jenes sollte das Trinkwasser, dieses aber das Badewasser abgeben, oder auch die andern Bedürfnisse befriedigen.

Anmerkung:
Heute finden wir an der Emmer die Wolfgang-Quelle (nach dem in Pyrmont 1801 kurenden Wolfgang von Goethe benannt) und die Hufeland-Quelle nach dem Arzt Christoph Wilhelm Hufeland (1762-1836).
Die Erstere mit 6143 mg/l an Feststoffen wird zum Trinken, die zweite Quelle mit 12582 mg/l an Feststoffen auch zum Baden genutzt.

Ausser diesen zwei Behältern, richtete man nun noch einen dritten Wasserkasten vor. Hier sollte sich das überflüssige, oder abfliessende Wasser der beiden andern Behälter sammeln, um durch eine Pumpe fortgeschafft zu werden, die vom Gestängewerk der Saline in Bewegung gesetzt wird. Ein Umstand der darum nötig ist, da der Wasserspiegel in den sämtlichen Bassins um einen Fuss niedriger liegt, als der Spiegel der vorbeifließenden Emmer. Es fehlte also am Fall zum Abfluss. Diesen Mangel half man nun dadurch ab, dass von dem Hauptkunstgestänge des Salzwerkes ein leichtes Schleppgestänge abgeleitet wurde, wodurch das Wasser des gemeinschaftlichen Reservoirs fortgeschafft wird.*)

*) Wird dies Gestänge durch Zufall gehemmt; so erfolgt die Fortschaffung des Wassers durch eine nebenangestellte Handpumpe, die alsdann durch menschliche Kräfte in Bewegung gesetzt werden muss.

§. 4.

Nachdem dies alles vorgerichtet war, so wurde denn auch, um die Quellen vor jeden Unfall zu sichern, ein besonderes Haus über diese erbauet. Dies Haus hält 24 Fuss ins Gevierte, es ist von 12 Fuss hohen Ständerwerke aufgeführt, und ruhet auf einer 10 Fuss hohen Grundmauer, die man auf ein starkes Schlinkwerk gesetzt hat. Es bestehet übrigens aus einem einzigen Zimmer. Von der Haustür ab, tritt man auf eine 6 Fuss breite und 6 Fuss lange Gallerie, und steigt dann linker Hand von dieser Thür, auf einer bequemen Treppe von 15 Tritten, in 10 Fuss Tiefe, bis zu den neuen Quellen hinab.

Zu mehrerer Sicherheit und um die Quellen von jeder möglichen Ueberschwemmung der Emmer, die beim leichtesten Anschwellen derselben, oft und zu jeder Jahreszeit statt finden könnte, zu sichern, hat man die Grundmauer dieses Gebäudes auf der Aussenseite mit einem starken Wall umgeben. Dieser Wall ist, vom Bette des Emmerflusses an gerechnet, 9 Fuss hoch, an der Ost- und Südseite 12 Fuss, gegen Westen, als der Wetter- und Wasserfallseite, 24 Fuss breit. Er läuft aber ab und verliert sich gegen Norden und gegen die nur 40 Fuss davon hergehende Landstrasse, oder Chaussée.

§. 5.

In diesem Gebäude finden sich nun die sehr gut eingerichteten Bassins der verschiedenen Quellen. So ist 1) die sonst sogenannte Trinkquelle in einen Kasten von vierzölligen eichenen Bohlen eingefasst, welcher 7 Fuss 8 Zoll breit und lang ist, oder 48 Quadratfuss und 12 Quadratzoll an innern Raum beträgt. 2) Zwei Fuss von dieser entfernt, liegt die sonst sogenannte Badequelle. Ihr eben so gearbeiteter Behälter ist 6 Fuss lang und 5 Fuss breit, und enthält einen Raum von 30 Quadratfuss in sich.

[Anmerkungen zu den beiden Quellen (aus: Deutsches Bäderbuch 2008: „Die Hufeland-Quelle II wurde 1938 als Ersatz für die Hufeland-Quelle I ausgebaut. Als Brunnen wurde das Bohrloch einer früheren Thermalbohrung verwandt. Dabei wurde ein Lärchen-Kernholz-Rohr bis 37,25 m unter Gelände eingebaut.“ „Die als Brunnen erbohrte Wolfgang-Quelle II wurde 1956 als Ersatz für die Wolfgang-Quelle I niedergebracht. Der Brunnen ist 28 m tief.“ – Die folgenden Ausführungen von WESTRUMB machen deutlich, dass bereits 1797 wesentliche Veränderungen in diesen Quellen aufgetreten sind.]

3) Unmittelbar an diesem Behälter liegt ein dritter Kasten von 4 Fuss Länge und 4 Fuss Breite. In diesem fliessen die überschiessenden Mineralwasser des ersten und zweiten Behälters, und werden durch die hier angebrachte Pumpe, und durch die Verbindung derselben mit dem Kunstgestänge der Saline, in die Höhe gefördert und in die Emmer geschaft.

4) Zwei Fuss vom zweiten und dritten Wasserkasten, aber in gerader Linie mit diesem letztern, liegt eine anderer, oder víerter Kasten, der nur 4 Fuss ins Gevierte hat. Dieser enthält dasjenige muriatisch-salinische Wasser, was jetzt im Gebrauch ist, und mit dessen Untersuchung ich mich allein beschäftigt habe.

II.
Gegenwärtiger Zustand dieser
Mineralquellen.
§. 6.
Die kochsalzführenden Mineralquellen, von dem Herr G. R. Trampel in der oben gedachten Beschreibung*) redet, und die man in den vorhin (§. 3. 5.) beschriebenen Behältern gefasst zu haben glaubt, sind nicht mehr vorhanden. Sie haben sich – wie man sich ausdrückt – versetzt. Höchstwahrscheinlich sind aber die Canäle, im Innern der Erde, die jene Mineralwässer herzuführten, durch die Last der Grundmauer, und durch das auf diese ruhende Gebäude, so wie durch den starken Wall erdrückt worden, den man um diese Grundmauer aufzuführen gezwungen war, wie (§. 4.) schon erinnert worden, dem etwa eindringenden Wasser, aus der höherliegenden Emmer, einen undurch-dringlichen Damm entgegen zu setzen.
*) M. sehe den Vorbericht.

90

§. 7.

Das eine der beyden Bassins (§. 5.), welches sonst die sogenannte Haupt- und Trinkquelle einfasste, führt jetzt ein sehr armes Wasser, welches, da es ausserdem sehr wenig Luftsäure, wenig Salze und Erden enthält, kaum noch den Namen eines muriatisch-salinischen Wassers, vorzüglich im Verhältniss gegen die dritte Quelle verdient.

§. 8.

Das Wasser im zweiten, oder sogenannten Badebassin, ist noch ärmer an Bestandtheilen und muss es sein, indem es aus dem schon an sich ärmeren Wasser seiner eigenen Quelle, dem Wasser des eben erwähnten Hauptbrunnen und aus dem Wasser einer süssen Quellen zusammengesetzt wird, die sich während dem hier getroffenen Vorrichtungen aus dem Boden erhob und durch eine hölzerne Röhre, die unter dem Pflaster des Brunnenhauses versteckt liegt, in dieses Bassin geleitet werden musste. Mir ist sogar glaublich, dass in diesem zweiten Bassin eine besondere Quelle nicht statt finde; – wahrscheinlich erbauete man dasselbe, um das Wasser der ehemaligen Hauptquelle und der eben erwähnten süssen Wasserquelle bequemer fortschaffen und leichter zu der allen Bassins gemeinschaftlichen Pumpe leiten zu können, wie dies durch Röhren geschehen sein würde. Durch diese Einrichtung erhielt man zugleich und gelegentlich ein an Bestandteilen ärmeres Mineralwasser, in solcher hinreichenden Menge, dass sie dem Gebrauche entsprach, wozu das Wasser bestimmt war.

§. 9.

Die wahre muriatisch-salinische Quelle, welche jetzt die Stelle der vorigen vertritt, entspringt an dem niedrigsten Puncte des Brunnenhauses, im kleinsten oder vierten Bassin und zwar an der linken Seite der beiden vorhin gedachten Bassins. Glaublich aber an demjenigen Orte, wo der Druck, der 10 Fuss hohen Grundmauer des Gebäudes und des um diese aufgeführten Walles, auf die das Wasser herzuführenden Canäle am schwächsten ist. Indes mag auch nicht blos dieser Druck, sondern es mögen auch andere Umstände die Versetzung der Quelle veranlasst haben. So ist unter andern der Ort, wo die Hauptquelle seit 4 Jahren nun unverändert hervorkommt, einige Fuss tiefer ausgegraben, auch hier – also in größerer Tiefe – die scharf ziehende Pumpe angebracht worden, die offenbar mitwirkende Ursach sein kann, dass sich die Quellen aus den höher liegenden Bassins, durch den weichen Boden, in dies niedriger gezogen haben.

Da diese neue Quelle übrigens beinahe in gerader Linie mit dem nun verschwundenen Quellen liegt, so wird das Wasser derselben glaublich aus denselben Canälen kommen und vermutlich das nämliche Wasser sein, das die Hauptquellen ehemals zu Tage brachten. Dies bleibt indes immer eine sehr ungewisse Vermutung, für deren Wahrscheinlichkeit ich sonst keinen Grund anzuführen weiss. Es findet daher weiter keine vergleichende Hinsicht mit der Trampelschen Beschreibung der muriatisch-salinischen Quellen, der Piepenbringischen Untersuchung desselben Mineralwassers und meinen eigenen Versuchen statt. Die kürzeste Vergleichung, die man zwischen diesen drei verschiedenen Beschreibungen anstellen kann, oder die Nebeneinanderstellung der gefundenen Bestandteile ergibt ohnehin, dass ich ein ganz anderes Mineralwasser untersucht haben muss, als die Natur meinen Vorgängern zu ihren Untersuchungen verabreichte.

Anmerkung: Mit der Piepenbringschen Untersuchung ist die 1793 von Georg Heinrich Piepenbring (1763-1805) veröffentlichte Arbeit „Physikalisch-chemische Nachricht von dem neuen mineralischen Salzwasser auf der Saline bei Pyrmont..." gemeint – s. in G. Schwedt: Georg Heinrich Piepenbring. Apotheker in Pyrmont, Meinberg, Karlshafen. Chemie-Professor in Rinteln, Norderstedt 2017.

Nach dem Abschnitt über die Bestimmung der Wassermenge, welche die Quelle in bestimmten Zeiträumen geben kann (mit 92160 Pfund in 24 Stunden ... Wasser genug, um alle Bedürfnisse bestreiten zu können.) folgt:

IV.
Physische Eigenschaften des muriatisch-
salinischen Mineralwassers.

§. 11.

A. Das Wasser dieser Quelle ist sehr klar, und behält seine Klarheit selbst dann bei, wenn das Wasser der sehr nahe liegenden Emmer trübe wird, und durch Regengüsse so anschwellt, dass der Fussboden des Brunnenhauses, durch den Gegendruck den dann die Emmer auf alle diese Quellen äussert, von diesem überschwemmt wird. Ich machte diese Bemerkung mehreremale und zwar am 17,18ten und 21ten August 1795, am 5ten Mai und 15ten Julius 1796. An diesen Tagen regnete es des Morgens sehr stark und die drei Hauptbassins liefen so an, dass

93

die Pumpe das Wasser nicht alle gewältigen konnte, es floss also über und doch blieb es in allen Bassins ganz klar. Die Quelle hat also keine oder wenig Gemeinschaft mit der Emmer, obgleich sie einen Fuss niedriger liegt wie dieser Fluss. Dieser war an jenen Tagen ausserordentlich trübe und doch hatte dies keinen Einfluss auf die Klarheit, den Gehalt und den Geschmack des neuen muriatisch-salinischen Wassers. Auch scheint dies Wasser, aus den letzterwähnten Gründen, kaum einigen Zusammenhang mit den Zuführungsadern der beiden andern Bassins und des süssen Wassers zu haben, indem es vorzüglich sonst nicht ein und dieselbe Stärke zu allen Zeiten besitzen würde.

Nur allein das über den Schling und sonst von oben eindringenden Regenwasser, kann einige Trübheit und Verdünnung der muriatisch-salinischen Mineralquelle verursachen. Dieser Mangel wird sich aber heben lassen, wenn man das Grundgemäuer von Innen und Aussen mit wasserdichtem Cement übersetzt.

§. 12.

B. Der Geschmack des Wassers ist angenehm säuerlich, bitter und kochsalzartig. Im Geschmack ist es übrigens dem Wasser des Sohlenbrunnens gleich, nur lieblicher und erquickender.

C. Das Wasser ist völlig geruchlos, und ist daher von allen mit Geruch begabten Stoffen völlig frey.

> Es folgen nun die Ergebnisse der weiteren Untersuchungen – von Temperaturmessungen und Dichtebestimmungen bis zu den chemischen Analysen, auf die hier verzichtet wird.

Zur Geschichte der weiteren Untersuchungen ist festzustellen, dass im Deutschen Bäderbuch von 1907 sowohl die Salztrinkquelle (analysierte von H. Hintz und L. Grünhut aus dem Institut Fresenius in Wiesbaden 1906) – mit älteren Analysen von J. E. Trampel (1794) und H. A. L. Wiggers (1861) sowie die Salzbadequelle (analysiert von H. A. L Wiggers 1861) aufgeführt sind.

Heinrich WIGGERS (1803-1880) war ab 1848 ao. Professor für Pharmazie an der Universität Göttingen. Er veröffentlichte 1862 seine Schrift „Chemische Untersuchung der Pyrmonter Kochsalzquellen" (vorhanden in der Fürstlich-Waldeckschen Bibliothek zu Arolsen).

Zu Besuch in der Dunsthöhle –
im heißen Sommer 1783

Zur Geschichte der PYRMONTER DUNSTHÖHLE

Das *Schwefelgewölb* oder die *Dunstgrube* (Goethe 1801) bzw. *Dunsthöhle* am Helvetiushügel wurde 1712 entdeckt, als einige Arbeiter dort plötzlich ohnmächtig wurden. Der Brunnenarzt Dr. Seip stellte fest, dass aus dem Gesteinsspalten ein unsichtbares Gas austrat, das er – da es alsKohlendioxid noch nicht allgemein bekannt war (von Chemikern ab 1754 *Luftsäure* genannt) – als *Schwefeldunst* bezeichnete. Die Grotte wurde 1720 vertieft, darüber ein Steingewölbe errichtet, das man 1737 erneuerte. Sie kann heute zu bestimmten Zeiten (mit einer Führung) besichtigt werden.

Die Inschrift über dem Eingang (lateinisch, hier in deutscher Übersetzung) lautet: *„Diese Grotte hat aus dem Mutterfelsen der mineralischen Quellen, welcher den wunderbaren Geist ausströmt, die Merkwürdigkeit, vielleicht auch des Nutzens wegen, im Jahre 1720 ausbauen, im Jahre 1737 erneuern und durch dieses Denkmal verewigen lassen Dr. Philip Seip."*

Johann Philipp SEIP (1686-1757) studierte in Halle, London und in den Niederlanden und kam 1712 als Brunnenarzt nach Pyrmont, wo er auch eine eigene Kurpension betrieb.

Die Höhe des Kohlendioxid-Spiegels hängt jeweils von der Wetterlage und vor allem vom Luftdruck ab. Da das Gas schwerer als Luft ist, bewegen sich z. B. luftgefüllte Seifenblasen über der Kohlendioxid-Atmosphäre. Die Flamme einer Kerze erlischt in diesem Gas; brennendes Stroh, schnell wieder aus der Atmosphäre entfernt, flammt nach dem kurzzeitigen Erlöschen wieder auf. Solche Experimente werden noch heute vorgeführt – auch vor Goethe am 18. Juni 1801.

Goethe berichtete in seinen „Tag- und Jahresheften" (WA I.35, 100-101) wie folgt darüber:
„Die merkwürdige Dunsthöhle in der Nähe des Ortes, wo das Stickgas, welches mit Wasser verbunden so kräftig heilsam auf den menschlichen Körper wirkt, für sich unsichtbar eine tödliche Atmosphäre bildet, veranlaßte manche Versuche, die zur Unterhaltung dienten. Nach ernstlicher Prüfung des Lokals und des Niveaus jener Luftschicht konnte ich die auffallenden und erfreulichen Experimente mit sicherer Kühnheit anstellen. Die auf

auf unsichtbaren Elemente lustig tanzenden Seifenblasen, das plötzliche Verlöschen eines flackernden Strohwisches, das augenblickliche Wiederentzünden, und was dergleichen sonst noch war, bereitete staunendes Ergötzen solchen Personen, die das Phänomen noch gar nicht kannten, und Bewunderung, wenn sie es noch nicht im Großen und Freien ausgeführt gesehen hatten. Und als ich nun gar dieses geheimnisvolle Agens, in Pyrmonter Flaschen gefüllt, mit nach Hause trug und in jedem anscheinend leeren Trinkglas das Wunder des auslöschenden Wachsstocks wiederholte, war die Gesellschaft völlig zufrieden und der ungläubige Brunnenmeister so zur Überzeugung gelangt, daß er sich bereit zeigte, mir einige dergleichen wasserleeren Flaschen den übrigen gefüllten mit beizupacken, deren Inhalt sich auch in Weimar noch völlig wirksam offenbarte."

WESTRUMB
(Aus: Kleine physikalisch-chemische Abhandlungen, Band 2.1, 3. Heft, S. 209-224, Leipzig 1787)

IV.
Von der
Dunsthöhle zu Pyrmont.

Diese Merkwüridgkeit von Pyrmont wird sonst
mit dem Namen der Schwefelgrube belegt,
wir wissen aber jetzt sehr gut, daß der
Schwefel mit den Dünsten derselben nichts
zu thun hat.

Herrn H. M. Marcards Beschreibung
von Pyrmont I. B. S. 190.

98

Von der
Dunsthöhle zu Pyrmont.*)

Von der Dunsthöhle zu Pyrmont, dieser Seltenheit Deutschlands, sagte Seip in seiner Beschreibung der Pyrmonter Mineralwässer a), sie sey in ihren Wirkungen der Grotta del Cane bey Neapel sehr ähnlich. Er hatte hierinn, wie neuere in beyden Höhlen angestellte Versuche lehren, vollkommen Recht, darinn irrte er aber, wenn er vorgab, die Dunstatmosphäre erreiche in der Pyrmonter Höhle nur die Höhe, welche sie für immer in der Neapolitanischen zu haben pflegte. Die Höhe derselben ist in der Pyrmonter Höhle sehr selten gleich.

*) Ich lege hier dem Publikum einige Versuche vor, die ich, zur Ausmittelung der Natur des Dunstes dieser Grube, angestellt habe. In der Geschichte derselben und ihrer Beschreibung, darf ich mich um so wrniger einlassen, da man dieses alles weit vortrefflicher in des Hofmedicus Marcards Beschreibung von Pyrmont lesen kann.
a) Seip Beschreibung der Pyrmonter Mineralquellen 4. Auflage, Hannover 1750. S. 94. u. s. f.

H. de Luc b) bemerkte dieses schon, er erzehlt uns, der Dunst gelange oft zu einer solchen Höhe, daß er den Eingang zur Höhle ganz verhindert.
[Jean-André Deluc (1727-1817), Schweizer Geologe und Meteorologe]
Im heisten Sommer 1783, da ich mich zu verschiedenen malen in Pyrmont aufhielt, besuchte ich die Höhle mehr als einmal: ich fand damals, daß die Höhe des Dunstes von wenigen Zollen, bis zu zehn und mehreren Füssen, und zwar oft in einigen

Stunden zu und wieder abnahm, je nachdem der Himmel heiter oder trüber, und der Wind östlich oder westlich war.

Daß der Dunst, welcher das Eigenthümliche dieser Höhle ausmacht, die Thiere tödtet, die brennenden Lichter auslöscht, und säuerlich riecht, das alles war H. Seip schon bekannt, nur war ihm, seinen Zeitgenossen und vielen seiner Nachfolger die wahre Natur des Dunstes ein Räzel, und würde es für immer geblieben seyn, wann uns nicht die wichtigen Entdekkungen der neuern Naturforscher, die Luft, und die verschiedenen Arten luftförmiger Flüßigkeiten, genauer hätten kennen lehren. H. Seip nannte den Dunst der Höhle, er stüzte sich auf die Kenntnisse seiner Zeit, und den flüchtigen Geist der Pyrmonter Mineralwässer, Schwefelgeist. Diese Idee hat sich so fest gesezt und ist so verjährt, daß man die Benennungen Schwefelgrube und Dunsthöhle in Pyrmont für Synonimien hält. [auch bei Goethe in seinen Tagebuchaufzeichnungen zur Reise nach Pyrmont 1801 – s.o.]

Von der Grotte del Cane bey Neapel haben Browring, Pringle und Priestley behauptet, die fixe Luft sey die Ursach ihrer so besondern Wirkungen. Der H. Professor Murray und H. Bergmann haben dieses durch Versuche bewiesen; jener an Ort und Stelle, dieser aber in Schweden. Er erhielt durch die Bemühung seiner Landsleute Gefäße, die in der Grotte mit dem Dunste gefüllt waren. Von der Dunsthöhle zu Pyrmont, sagte h. de Luc ein gleiches, und ich hoffe es durch die folgenden Versuche zu beweisen, welche dadurch einen hohen Grad von Authenticität erhalten, daß sie in Gegenwart mehrerer erfahrner Aerzte angestellt sind.

Erläuterungen

Die Hundsgrotte westlich von Neapel ist eine Lavahöhle mit Mofette (kaltem Austritt von Kohlendioxid als Folge vulkanischer Aktivitäten) in den Phlegäischen Feldern, wo immer wieder auch Erdbeben (zuletzt August 2017 auf der Insel Ischia bei Neapel) auftreten. Der Gehalt an Kohlendioxid beträgt am Boden 67 bis 74 %, an Stickstoff 26 bis 33 %; kleinere Tiere wie Hunde (daher der Name) ersticken daher.

John PRINGLE (1707-1782) war ein britischer Arzt, ab 1749 Leibarzt des Herzogs von Cumberland, 1772 Präsident der Royal Society und Förderer bedeutender Wissenschaftler.

Joseph PRIESTLEY (1733-1804), englischer Chemiker und Physiker, war ein Pionier der Gaschemie in der 2. Hälfte des 19. Jahrhunderts.

(Zum Namen Browring konnten keine Einzelheiten ermittelt werden.)

Der von WESTRUMB erwähnte Beitrag lautet:

Anmerkungen über die Grotta del Cane in Neapel von Hrn. Prof. Adolph Murray.

Adolph MURRAY (1751-1803) war Schwede und eigentlich Professor für Anatomie in Uppsala; er beschäftige sich jedoch offensichtlich auch mit Mineralien (nicht zu verwechseln mit dem von Westrumb als gleichnamig bezeichneten „Administrator der Andreäischen Apotheke" in Hannover).

Torbern Olaf BERGMAN (1735-1785), ab 1767 Professor für Chemie in Uppsala, gilt als der größte Analytiker seines Jahrhunderts.

Am 9ten Julius 1783 Abends zwischen 6 und 8 Uhr, war ich mit H. Hofrath de Giesekke und H. Hofmedicus Marccard in der Höhle. Der Wind war östlich, und die Dunstatmosphäre etwa anderthalb Fuß hoch. Es wurden folgende Versuche angestellt.

Hofrath de Giesekke: Gemeint ist vermutlich Carl Ludwig von GIESECKE (1761-1833), geb. als Johann Georg Metzler, deutscher Tänzer, Schauspieler (in Wien), Jurist, Polarforscher und Mineraloge; Studium in Göttingen 1781 bis 1784, danach Annahme des Künstlernamens. Ab 1800 Mineralienhändler, von dem auch Goethe Mineralien bezog; 1806 Reise nach Grönland im Auftrag der Königlich dänischen Handelsdirektion, 1814 Professor für Mineralogie in Dublin, gest. als Sir Charles Lewis Giesecke. Nach Angabe des Jahres 1783 zum Besuch der Pyrmonter Dunsthöhle müsste Giesecke noch als J. G. Metzler und als Student von Göttingen aus in Pyrmont gewesen sein.

1) In einem reinen Glasbecher, der etwa sechs Unzen faßt, goß ich vier Unzen blau Lakmustinktur, und sezte das Glas einige Minuten auf den Boden der Höhle. Die Tinctur litte keine Veränderung ihrer Farbe. Ich goß sie nun wiederholt aus einem Glase, so in ein anderes, daß beyde Gefäße beständig dem Dunste ausgesezt waren: jetzt röthete sie sich. Wurde sie nun an freyer Luft eben so behandelt, so erlangte sie binnen kurzen die blaue Farbe wieder.

Der Dunst röthet also die Lakmustinktur, er zeigt dadurch an, daß er die Eigenschaften einer Säure besizt; diese Röthe ist indeß nicht bleibend, sonder sie verschwindet an freyer Luft. Erscheinungen, die man nun dann bemerkt, wenn man die Tinctur mit Luftsäure schwängert, und sie der freyen Luft aussezt; sie erfolgen nie, wenn die Säure fixer Natur ist. Sie würden daher auch hier nicht erfolgt seyn, wenn der Dunst der Höhle und flüchtige dunstförmige Schwefelsäure, dieselben Körper wären. Die flüchtige Schwefelsäure, die sich einmal mit Wasser verbunden hat, ist viel zu fix, als daß sie so ganz an freyer Luft verfliegen könnte. Sie verliehrt, der freyen Luft ausgesezt, nichts, als das in ihr aufgelößte Brennbare, durch das sie eigentlich zu flüchtiger Schwefelsäure modifizirt ward; die Vitriolsäure selbst,

102

bleibt größtentheils zurük, und die Lakmustinktur behält die rothe Farbe.

WESTRUMB beschrieb in der Art und Weise und mit dem Wissen seiner Zeit das Verbrennungsgas des Schwefels, zunächst das Schwefeldioxid, das sich in Wasser löst und zum Teil auch zur Schwefelsäure (Vitriolsäure) oxidiert werden kann.

2) Filtrirtes Kalkwasser, aus einem Gefäße in ein anderes gegossen, wurde sowohl, wie solches, das ich im flachen Geschirren auf den Boden der Grube stellte, weiß, und ließ einen häufigen Bodensatz fallen, der sich mit Brausen in der Salpetersäure auflößte.

Es ist bekannt, daß die Luftsäure, nicht aber die Schwefelsäure, einen solchen mit Säuren aufbrausenden Niederschlag aus dem Kalkwasser absondert.

3) Pyropherus, der in der freyen Luft ganz vortreflich brannte, löschte gleich aus, wenn ich ihn dem Dunste aussezte. Er entzündete sich wieder, so bald ich ihn über derselben empor hob. Dies Auslöschen und Wiederentzünden des Pyrophers, konnte so lange wieder holt werden, als er noch entzündlich war. Der Dunst verhielt sich auch hier wie die Luftsäure, sie löscht brennende Körper aus.

Ein zeitgenössischer Text zum Pyrophorus lautet: „§. 788. Homberg (Wilhelm H., 1652-1715, ab 1704 Leibarzt des Herzogs von Orléans) erfand den Pyropherus im Jahre 1710 zufälligerweise, da er Menschenkoth mit Alaun im Feuer destillirte, um aus dem erstern ein weißes Oel zu ziehen, und theilte hernach die Vorschrift zur Bereitung dieses Pyrophorus mit. Lemery der Jüngere [Nicolas L., 1645-1715, Apotheker, Begründer der Phytochemie] zeigte hierauf (J. 1714 und 1715), daß statt jener Materie andere thierische und Pflanzenstoffe, welche in der Hitze Kohle geben, zur Bereitung des Pyropherus angewendet werden können..." – aus: F. A. GREN, Systematisches Handbuch der gesammten Chemie..., Halle 1787. – Es kann sich hierbei nur um den weißen Phosphor handeln, 1669 bereits von Hennig BRAND (um 1630-1692) aus Urin isoliert, da der sogenannte Hombergsche Phosphor leuchtendes, aber nicht brennendes Calciumchlorid ist.

4) Einige mit Wasser gefüllte Flaschen wurden am Boden der Grube ausgeleert, und dann verstopft. Der Dunst, welcher diese Flaschen angefüllt hatte, schmeckt sauer, sein Geruch war ebenfalls sauer und so stechend, wie der Dunst zu seyn pflegt, der sich, während der Auflösung luftgesäuerter Erden und Laugensalze in Säuren zu entwikkeln pflegt.
[Zur Abfüllung des Kohlendioxids in Flaschen bzw. Krüge ist auch ein Text von Goethe aus der Zeit seines Kuraufenthaltes in Pyrmont 1801 überliefert - s.o.]

a) In eine solche Flasche Lakmustinktur; so ward diese roth;
b) Kalkwasser ward in diesen Flaschen trübe; und enthielt
c) ein solches Gefäß noch Wasser, das man durch Schütteln mit darinne aufgefaßten Dunste schwängerte, so schmeckte dieses gleichfalls sauer, und reagirte auf Lacmustinktur und Kalkwasser, wie der Dunst selbst.

Einige Tage nachher, da ich micht Nachmittags zwischen 5 und 8 Uhr in der Dunsthöhle aufhielt, fand ich ihre Dunstatmosphäre weit höher, aber diese Höhe so veränderlich, daß sie in den drey Stunden, die wir uns daselbst aufhielten, von 5 Fuß bis auf einen hinab sank. Der Wind war westlich, und der Himmel in Westen mit Gewitterwolken bedekt. Mit der Annäherung der Gewitterwolke, nahm der Dunst in der Höhle ab.

Während den ersten Augenblikken meines Seyns in der Höhle, konnte ich die Luftsäure deutlich, aus den Wirkungen erkennen, welche sie auf meinen Körper hatte. Sie verursachte jedem meiner Gesellschaften Beschwerden, mir aber, der ich oft 2-3 Minuten in der Höhle bleiben mußte, ein Brennen in den Augen, Schweuß, schweres Athmen, Stumpfheit der Sinne, die nahe an völlige Betäubung gränzte. Ich war einigemale, beym Heraustreten aus der Grube, dem Hinsinken nahe; ich mußte mich an den Säulen des Amphitheaters halten, und zu meiner Erholung, die Dünste des äzzenden Salmiakgeistes einschnupfen. Die Folgen, die diese Wirkungen des Dunstes bey mir hatten, währten mehrere Stunden, meine Sinne blieben stumpf, und ich taumelte als ein Betrunkener.

Währen der drey Stunden meines Hierseyn, wurden die Versuche mit dem Kalkwasser, der Lakmustinktur, dem Pyropher, das Füllen der Gefäße mit Dunst, und das Anschwängern des Wassers mit dieser luftförmigen Säure wiederholt.

Kalkwasser, das durch den schon beschriebenen Handgriff gefällt war, wurde durch Zutröpflung einiger Tropfen Salpetersäure, und unter Entwickkelung vieler Luftblasen, wieder klar.

Eine Erscheinung, die, wie schon gesagt ist, ganz anders ausfallen müßtem wenn der Dunst die Natur der flüchtigen Schwefelsäure hätte. Der Niederschlag, welchen die Säure im Kalkwasser erregt, ist Selenit [frühere Bezeichnung für Calciumsulfat], und dieser ist in der Salpetersäure kaum, viel weniger mit Brausen, auflösbar.

6) Flüchtige Schwefelleber [Mischung überwiegend aus Kaliumsulfid und -polysulfiden], oder Beguinsgeist [Ammoniumsulfid], wurde in ein flaches Geschirr gegossen, und auf den Boden der Grube gesezt. Er ward binnen wenig Minuten trübe, und sezte

einen braunen Niederschlag ab. [Auscheidung von Schwefel, Braunfärbung?]

7) Die Kieselfeuchtigkeit wurde gleichfalls gefällt, nachdem sie mehrere Minuten dem Dunste ausgesezt gewesen war. Es file aus ihr ein weißer Staub zu Boden. [Ausfällung von amorphem Siliciumdioxid aus einer silikathaltigen Lösung.]

Die Schwefelleber und die Kieselfeuchtigkeit lassen den Schwefel und die Kieselerde nur dann fallen, wenn sie mit Säuren gemischt werden. Der Erfolg beyder Versuche lehrt also, der Dunst sey saurer Natur.

8) Völlig luftleeres, ätzendes und flüchtiges Laugensalz [Ammoniaklösung], sezte ich dem Dunste mehrere Minuten aus. Es brauste nun mit Säuren, fällte die Kalkerde aus ihren Auflösungen n Säuren und im Wasser, und hatte seinen äusserst stechenden Geruch verlohren.

Beym 6ten und 7ten Versuch sahen wir, daß der Dunst die Eigenschaft einer Säure hat, er zersezte die laugensalzigen Auflösungen des Schwefels und der Kieselerde. Dieses konnte den Verdacht bey uns erregen, er sey der flüchtigen Schwefelsäure Analog. Allein, durch die Schwefelsäure verliert das flüchtige Laugensalz die Eigenschaft, mit Säuren zu brausen, ganz, und nimmt, so bald es mit dieser Säure verbunden wird, die Natur eines Mittelsalzes an, und wird zu Glaubers geheimen Salmiak [Ammoniumsulfat; Glaubersalz: Natriumsulfat]. Dieses Mittelasalz fällt zwar, die Kalkerde aus ihren Auflösungen in Säuren [als Calciumsulfat], vermögen doppelter Wahlanziehung [würden wir heute als doppelte Umsetzung bezeichnen: $(NH_4)_2SO_4 + CaCl_2 \rightarrow CaSO_4\downarrow + 2\,NH_4Cl$]. Aber die Erde, die Glaubers Salmiak aus sauren Auflösung fällt, ist nicht die rohe, in Säuren auflösliche, und mit diesen aufbrausende Kalkerde [also nicht Calciumcarbonat], sondern Selenit [= Calciumsulfat]. Die Erde aber, die das mit dem Dunste angefüllte Laugensalz, aus Säuren und Wasser fällte, war keinesweges Selenit, sondern rohe Kalkerde.

9) Konzentrirte und rauchende Salpetersäure rauchte zwar fort, wie ich sie in die Dunstgrube stellte, indeß so wurden die rothen Dämpfe weiß, und stiegen äusserst langsam in die Höhe. Eine Erscheinung, welcher der rauchende Salpetergeist dann zeigt, wenn man ihn in eine luftsaure Atmosphäre bringt.

Erläuterungen

Rauchende Salpetersäure wird heute unterschieden in weiße rauchende Salpetersäure mit 2 % Wasser und maximal 0,5 % Stickstoffdioxid und rote rauchende Salpetersäure mit 84 % Salpetersäure, 13 % Distickstofftetraoxid und 3 % Wasser (beide werden als Raketentreibstoffe verwendet). Aus rauchender Salpetersäure werden durch Zerfall sowohl das braunrote Stickstoffdioxid (als NO_2 oder auch N_2O_4) als auch das Stickstoffmonoxid NO sowie Distickstofftrioxid N_2O_3 (aus NO und NO_2) frei, von denen NO farblos ist. Fehlt der Luftsauerstoff, so kann dieses Gas die Farbe des rauchenden Salpetergeistes bestimmen; an sauerstoffhaltiger Luft wird NO zum braunroten NO_2 oxidiert.

---

10) Schrieb man mit Phosphorus, ausserhalb der Höhle, auf ein Bret(t), oder legte man ein ganzes Stük Phosphor an ein der dunkelsten Stellen auf den Boden der Höhle; so leuchtete beydes. Wurde der Phosphor hingegen, im Dunstraume selbst, aus dem Wasser genommen, welches ihn bedeckte, so entzündete er sich nicht.

Erläuterungen
Weißer Phosphor ist chemisch sehr reaktionsfähig. Er entzündet sich an der Luft schon bei Raumtemperatur und wird zum Diphosphorpentaoxid P_2O_5 oxidiert. Er muss deshalb unter Wasser aufbewahrt werden – wie WESTRUMB auch beschrieb (s.u.). An feuchter Luft entstehen auch Phosphorsäuren unterschiedlicher Oxidationsstufen wie die Phosphonsäure H_3PO_3. Im Dunkeln leuchtet weißer Phosphor bläulich (Chemolumineszenz): Hierbei werden die vom Phosphor in Spuren abgegebenen Dämpfe zunächst durch den Luftsauerstoff zum Diphosphortrioxid P_2O_3 oxidiert und dann unter Abgabe von Licht (anstatt von Wärme) zum Diphosphorpentoxid weiter oxidiert.

Sonderbar ist es wirklich, daß der Phosphorus, wenn er einmal entzündet ist, im luftsauren Raume fortbrennt. Ich habe mich, um hierinne gewiß zu seyn, nicht blos auf dem, in der Pyrmonter Höhle wiederholt angestellten Versuch verlassen; sondern ich habe den Phosphor, entzündet in ein Gefäß mit Luftsäure gebracht, die ich aus Kreide oder Laugensalz geschieden habe. Warf ich ihn von oben in ein solches Glas, so brannte er fort, brachte ich ihn aber durch die mit Wasser gefüllte Wanne, in die Luftsäure, so entzündete er sich nicht. – Bedarf der Phosphorus etwa, um so schwach fort zu glimmen, als er es wirklich thut, keiner brennstofflereren Luft, als die fixe es ist? kann diese letztere etwa noch immerfort Brennstoff aufnehmen? wird sie vielleicht ganz durch ihn mit diesem Prinzipio gesättigt? so scheint es. Saure Luftarten hindern wenigstens das Fortbrennen ds entzündeten Phosphorus nicht; so sahe Priestley den Phosphor in der phlogistizirten salzsauren Luft rauchen und leuchten. – Oder, ist etwa der Dunst in der Pyrmonter Höhle, ist selbst die Luftsäure, welche man aus absorbirenden Erden und Laugensalzen erhält, nicht lautre fixe Luft? hält sie etwa ein wenig gemeine, die zwar nicht hinreicht, das Fortbrennen anderer entzündeter Körper zu begünstigen, die aber doch den Phosphor brennend erhalten kann? Auch das ist möglich; denn ließe die Luftsäure selbst, die Zerlegun des Phosphors in Säure und Brennliches zu, und begünstige sie dieselbe, so müßte er sich eben so gut in ihr entzünden, als er in ihr fortbrennt, wenn er einmal entzündet ist.

Am 19ten Julius des Morgens, zwischen 10 und 11 Uhr, verhinderte die Höhe der Dunstatmosphäre, den Eintritt in die Grube; ja, sie erlaubte nicht einmal, daß ich einige Stufen des Amphitheaters hinab steigen konnte. Nachmittags aber, da der Dunst etwa 3 oder 4 Fuß Höhe hatte, wurden folgende Versuche angestellt.

11) Das Thermometer fiel in der Höhle, wenn es auf den Boden derselben gestellt war, daß dieser den Cylinder desselben nicht berührte, erst auf 75°, dann aber auf 62 ½ ° herab. An freyer Luft und im Schatten stand es zuvor auf 83° Fah.

[Umrechnungen aus °Fahrenheit: x °F = 5/9 (x-32) °C; 75°F = 23,9 °C; 62 ½ °F = 16,9 °C; 83 °F = 28,3 °C]

Man hat gesagt, der luftsaure Dunst wirke als eine erwärmende Materie, wenigstens glaubt man dieses aus den Wirkungen folgern zu dürfen, welche der Dunst über die Badequelle zu Dryburg, und über die Trinkquelle zu Meinberg, auf den thierischen Körper hat. Es ist nun freylich wohl nicht der rechte Wege, die wärmeerregende Kraft eines Körpers, aus den Wirkungen bestimmen zu wollen, welchen dieser im thierischen Körper erregt, da die Wärme eines organisirten Wesens, von zu vielen Umständen abhängt, die nicht sowohl in der Natur und gegenwärtigen Beschaffenheit des Wesens selbst, welches diesen vermehrten Grad der Wärme leidet, und in der Art liegen, wie man den wärmeerregenden Körper an der thierischen leitet. Da indeß der H. Verfasser der Beschreibung von Dryburg, dort wirklich den

Thermometer steigen sahe, wenn er ihn in den Dunstraum der Badequelle hielt, und man die Wahrheit dieser Beobachtung wohl nicht bezweifeln darf, so ist es glaublich, daß der Wärmemesser in der Pyrmonter Dunsthöhle darum nicht steigen konnte, weil er nothwenig die eigenthümliche Wärme des Gewölbes annehmen mußte. Sonst wirkt der Dunst, in Absicht auf eine wärmeerregende Kraft, hier in der Grube eben so, als zu Dryburg und Meinberg, es ist bekannt genug, daß geringe Personen, vorzüglich weiblichen Geschlechtes, sich gern hier aufzuhalten pflegen, um die Wirkungen des Dunstes an sich zu erfahren.

EXKURS

Kohlendioxid kann auch durch die Haut aufgenommen werden – entweder aus Kohlendioxid-Bädern oder auch aus der Luft. Dieser Vorgang führt auf der Haut zu einer Erweiterung der Hautgefäße, d.h. sowohl Wannen- als auch Gasbäder wirken auf die Arterien gefäßerweitern, die Durchblutung und Sauerstoffversorgung wird verbessert, verbunden mit einem Wärmeeffekt. Diese Therapien werden heute u.a. bei Herz- und Gefäßerkrankungen angewendet.

Ferner zeigte der Dunst seine wärmeerregende oder genauer zu reden, Wärme absezzende Eigenschaft, auch bey folgendem Versuche.

12) Ein Gemisch aus gleichen Theilen Talg und Oel, das in freyer Luft so fest war, daß ich das Gefäß mit demselben umkehren konnte, ohne etwas von der Mischung zu verliehren, wurde in der Dunstatmosphäre, und zwar binnen 8 Minuten, so flüssig, wie Oel.

[Absorption von Kohlendioxid – Effekte der Absorptionswärme, ev. auch Reaktionswärme?]

Von dieser Erscheinung weiß ich keinen andern Grund anzugeben, als daß die Luftsäure einen Theil ihrer specifischen Wärme an das fette Gemisch abgab; diese ward hier zu empfindbarer Wärme. Warum dieser Erfolg statt hat, das getrauen ich mich nicht zu bestimmen. Vielleicht, weil die Luftsäure mehr Phlogiston aufnahm; vielleicht aber auch, weil das fette Gemisch, nähere Verwandtschaft zum Feuer hat, als es die Luftsäure haben mag.

Alle entzündlichen Körper, die mit und ohne Flamme brennen, der Phosphor ausgenommen, löschen bekanntlich im luftsauren Raume, also auch in der Dunstatmosphäre der Grube, aus. Solche Körper aber, die reine Luft aus sich selbst entwikkeln, verhalten sich hier ganz anders.

13) Ein Gemisch aus Schwefel, Salpeter und Kohlen, ein sogenannter Zunder, brannte mit weißer Fabe, wenn man ihn entzündet in die Grube brachte, und ausser dem Dunste erhielt, und so ruhig, wie er in freyer Luft gebrannt hatte. Im Dunste selbst verpuffte er gewissermaßen mit einem rothen und strahlenden Feuer.

Daß dieses Gemisch in fixer Luft fortbrennt, wenn es einmal entzündet ist, hat seinen Grund in der reinen Luft, welcher der Salpeter aussetzt, vermögen der er auch einzig und allein im Stande ist, mit glühendem Brennbaren zu verpuffen. Der Salpeter macht in dieser Mischung den größten Theil aus, und giebt, indem entzündeter Schwefel mit Kohle sich einander berühren, eine Art von Knallluft; diese ist es, welche in der Luftsäure fortbrennen kann. Im Dunstraume selbst, läßt sich ein solcher Zunder nicht entzünden, weil der brennende Körper, der ihn entzünde sollte, weit früher verlöscht, als es ihn berührt.

14) Eine angezündete Pfeife Tobak verlöschte im Dunstraume. Man hatte Mühe, die Luft durch den Tobak zu ziehen, und dies schmekte widerlich-sauer.

15) Reines Wasser suchte ich dadurch so sehr, wie möglich, mit Dunst zu schwängern, daß ich ganze, mit Wasser angefüllte Flaschen, nach gerade, und unter beständigen Schütteln, im Dunstraume, bis auf einige Unzen ausgoß, dann diese Flaschen mehrere Stunden in der verschlossenen Grube stehen und dann und wann durch einen sichern Menschen schütteln ließ. Es hatte folgende Eigenschaften:

a) Es färbte die Lakmustinktur roth; diese Farbe verschwand aber in freyer Luft; noch schneller, wenn die Tinktur erwärmt wurde.

b) Es veränderte die Farbe des Veilchensafts nicht.

c) Es sonderte die Kalkerde aus dem Kalkwasser, mit Luftsäure versehen, ab. Fuhr man mit Zugießen, des mit Dunst geschwängerten Wassers, zum Kalkwasser fort, so lößte sich der nieder gefallene Kalk wieder auf. Durch Erwärmen dieser Auflösung wurde luftgesäuerte Kalkerde gefällt.

d) Es zersezte die Seife.

e) Es fällte die Kieselfeuchtigkeit.

f) Es zersezte sowohl die flüchtige, als die Spiesglas-Schwefelleber.

g) Es fällt auch etwas Silber mit brauner Farbe aus der salpetersauren Auflösung derselben.

h) Schüttete man Eisenfeile in eine dieser Flaschen, und stellte diese einige Tage hin, so löste es einen Theil Eisen auf. Diese Auflösung ward, a) mit Galläpfeln-tinktur schwarz, b) mit Berlinerblaulauge blau; sie gab aber c) nach dem Abrauchen keinen Eisenvitriol, sondern Eisenkalk, und völlig umschmackhaftes reines Wasser.

Aus diesen Beobachtungen, die das mit Dunst ge-schwängerte Wasser darbot, und den oben angeführten Erfahrungen, darf man ja wohl, ohne einen Fehlschluß zu begehen, folgern, daß der Dunst, der das Eigenthümliche der Pyrmonter Höhle ausmacht, nicht die flüchtige Schwefelsäure seyn kann, wie H. Seip und andere glaubten, sondern daß er die Luftsäure selbst seyn, und daß Brownring, Pringle und de Luc völlig Recht hatten, wenn sie unsere Grube, und die Grotte del Cane in eine Klasse sezten.

Ob die Luftsäure aus den Canälen der verschiedenen Mineralquellen zu Pyrmont aufsteig? oder, ob unter sich die Werkstatt sey, wo diese bereitet werden? oder, ob sie gar der Ausgang eines weit entfernten Feuerorts sey? endlich, wodurch die verschiedenen Höhe des Dunstraumes bewirkt wird, und in welchem Zusammenhange diese mit den Veränderungen der äussern Luft stehe? dieses alles lasse ich gelehrten und erfahrnen Forschern zu erklären übrig.

————

Beschreibung des Gesundbrunnens zu Selters

Der Sauerbrunnen in Niederselters 1784

An den heilsamen Quellen von PYRMONT und DRIBURG bin ich mehrmals von Hameln aus persönlich anwesend gewesen, so dass ich deren Beschaffenheit aus eigener Anschauung beschreiben konnte.

Ganz anders ist die Geschichte zum berühmten SELTERS-BRUNNEN. Die umfangreiche Beschreibung erschien in Marburg erst 1813, obwohl ein Vorwort dazu vom Ritter von Zimmermann, vormaliger Kur-Braunschweig-Lüneburgischer Hofrat und Leibarzt in Hannover, schon aus dem Jahr 1794 stammt und die Beschreibung von dem bereits 1793 verstorbenen Hofapotheker Johann Gerhard Reinhard Andreae in Hannover 1787 begonnen wurde. Die chemische Analyse jedoch habe ich selbst durchgeführt und die umfangreiche Schrift habe ich nach deren Abschluss dann dem Professor der Chemie und Direktor des Königlichen Westfälischen Collegii medici Ferdinand Wurzer in Marburg zur Prüfung vorgelegt.

Nun liegt diese Schrift endlich auch im Druck vor und ich möchte daraus nur die *Vorrede* und die *Einleitung* zitieren, worin zahlreiche bedeutende Persönlichkeiten meiner Zeit Erwähnung finden.

V o r r e d e [von Ritter von Zimmermann]
Mit tiefer Beschämung meiner Seele, bitte ich Sie um Verzeihung, daß ich Dero mir schon am 17ten Junius überschicktes Manuscript, der von dem seligen Herrn *Andreae* angelegten, von Ihnen aber so gut beendigten Beschreibung von Selters so spät zurücksende. Nichts als mein so tief beklommenes Gemüth, und eine, unter der beständigen Anstrengung, auf mannigfaltige Gegenstände gerichtete Aufmerksamkeit hätte mich abhalten können, eine mir so theure Pflicht zu erfüllen.

(Diese und die folgenden Worte des großen Arztes mögen dem Buche zur Vorrede dienen; denn eine bessere vermag ich wahrlich nicht zu geben.)

Sie haben den zerstreuten Papieren des seligen Herrn *Andreae* eine Vollendung gegeben, die Er derselben, auch bei der besten Gesundheit, nicht hätte geben können.

In Absicht auf Chemie übertreffen die Kenntnisse unseres Zeitalters allzusehr die Kenntnisse älterer Zeiten. Alle Kenntnisse der ältern Zeit und alle diese neuen und großen Kenntnisse finde ich im chemischen Theils Ihres Aufsatzes. Den Gehalt des Selterser Wassers hätte unser lieber Andreae eine solchen Prüfung vielleicht nicht unterworfen, und es macht Ihrem edlen Character die größte Ehre, *Andreae* da reden zu lassen, wo *Sie* eigentlich reden sollten. Ich bewundere übrigens den Fleiß, den mein vorstorbener Freund *Andreae* und Sie auf die Durchführung einer so zahlreichen Menge von Schriften aller Art über Selters verwandt haben, und (ver)berge es nicht, wie ich befürchte, daß Ihrer beiderseitigen Verdienste um den Selterser-Brunnen nicht gehörige erkannt werden möchten. Die Gründe, weshalb ich Herrn *Andreae* und *Sie* habe auffordern müssen, Selters zu beschreiben, diese wird die Nachwelt aus meinen Papieren erfahren.

(Leider sind uns diese Gründe unbekannt geblieben, weshalb der Churfürst von Trier und Herr v. Zimmermann diese kostspielige Arbeit so höchst nöthig fanden.)

Unaussprechlich hat mich freilich Herr *Schimper* seit vielen Jahren ob dieser Beschreibung von Selters gequält; ich freue mich sie jetzt absenden zu können, und zweifle nicht, man werde den Werth höhern Orts zu erkennen nicht verfehlen. Mit macht es Freude, Ihnen sagen zu können, sie erfülle alle meine Wünsche für Selters.

Hannover, den 25ten Junius 1794.

J. G. v. Z i m m e r m a n n.

—————

116

Beschreibung von Selters

Einleitung

§. 1.

Geschichte dieser Beschreibung des Seltersbrunnens.

Im siebenten Decennio des vorigen Jahrhunderts wurde von einem unfreundlichen Genius in den Rheingegenden die Sage verbreitet – mir sind die Veranlassungen dieser Sage unbekannt geblieben – die uralte Selterser Heilquelle sey nicht mehr vorhanden, liefere lange so vieles Mineralwasser nicht mehr, wie vormals. Dieses sey matt und arm an Heilkräften, und werde das Selterser-Wasser der Zeit, d u r c h K u n s t, am Quellorte bereitet.

Vielleicht ersann man diese Sage, um einige damals emporkommende und emporstrebende Mineral-Brunnen noch mehr zu heben, als ihre Heilkräfte sie zu heben fähig waren, um ihren uralten Rival zu verdrängen, oder ihn doch um etwas weiter in den Hintergrund zu stellen. Man ertrug in Selters, der Güte seiner Sache sich bewußt, diese Sage mit Geduld, und begegnete ihr – wie man jeder Verläumdung begegnen sollte, – mit Stillschweigen. Das Gerücht jedoch wurde allgemeiner; Aerzte von ausgebreitetem Rufe, gaben demselben unbedingten Glauben; und – wurden selbst Verbreiter der Sage. Dieser Umstand, so wie der, daß das Selterser Mineralwasser, in neueren Zeiten, nie am Curorte, sondern nur allein in Schweden, von dem Meister in der Mineralwasser-Analyse, dem allen Chemikern e h r w ü r d i g e n *Bergmann* war untersucht worden, gab Veranlassung, daß die Churtrierische Stadthalterschaft, einen fremden, also unparthei-

117

ischen Mann aufsuchte, der frey von Vorurtheilen, unbefangen, rechtschaffen und brav, der Sache vollkommen gewachsen sey, um diesem den Auftrag zu ertheilen, S e l t e r s   in naturhistorischer, chemischer und mercantilischer Hinsicht zu untersuchen, und zu beschreiben.

Der Auftrag, einen solchen Mann aufzusuchen und vorzuschlagen, wurde dem vormaligen Churhannöverischen Leibarzte Herrn Ritter von *Zimmermann*. Seine Wahl fiel auf den längst, und noch vor ihm verstorbenen, als Mineralog und Naturforscher berühmten Apotheker R. G. *Andreä* in Hannover.

Dieser erfahrene und würdige Mann, war 1787 in Gesellschaft des Ingenieur-Hauptmanns Herrn *Lasius*, der als Geolog allgemein bekannt ist, in Selters. Beyde Männer sahen und untersuchten, während drey Monaten, die sie sich in Selters aufhielten jedes und alles; auch den kleinsten geringfügigsten Umstand.

Der verstorbene *Andreae*, der die Achtung, Liebe und Verehrung sehr vieler rechtschaffenen Personen, des In- und Auslandes, mit ins Grab genommen hat, fand in Selters, daß nicht jede Sage gleich darum w a h r sey, weil sie a l l g e m e i n verbreitet worden, und weil - berühmte Männer sie   n a c h s p r a c h e n.

Mit unermüdetem Eifer wanddte Herr *Andreae*, die Zeit seines Aufenthaltes zu Selters, auf die Untersuchung des Wassers, unter Beyhülfe unsers Freundes   *Lasius* – so weit dieses die Umstände dort erlauben. Sie untersuchten zugleich alle Gegenstände, die sie für wichtig erkannten, und die in einiger

Beziehung auf den Zweck der Trierischen Stadthalterschaft zu stehen schienen.

Nach der Zurückkunft von Selters arbeitete Herr *Andreae* unermüdet an den Materialien zu einer Schrift, in der er *Selters* beschreiben, seine Bemerkungen, Beobachtungen und Untersuchungen mitzuteilen die Absicht hatte. Allein die Durchsuchung so vieler Schriften, die vom Seltersbrunnen handeln, auch Berufsgeschäfte, die ihm oblagen, hielten ihn auf. Ausser mancherley andren Hindernissen, traf ihn endlich das größte, eine langwierige Krankheit, und machte die eigentliche chemische Untersuchung des Selterser Wassers, so wie die Ausarbeitung der Beschreibung von Selters, unmöglich.

Während der letzten und schmerzhaftesten Periode dieser Krankheit übertrug der Verewigte mir, die chemische Analyse, die Ordnung und Benutzung seiner Auszüge und Schriften, kurz die Ausführung des Ganzen, und ließ dazu alles erforderliche mir aushändigen. Ich entledigte mich dieses Geschäftes, das ich im März 1793 übernahm, im May 1794, reichte die Manuscripte zu Hannover und Trier ein, nachdem meine Arbeit die Billigung des Herrn *Ritters von Zimmermann* erhalten hatte; ich hoffe meinen Auftrag redlich und treu erfüllt zu haben.

Der Gang der Zeitbegebenheiten hat den Abdruck dieser Schrift bisher verzögert; ja endlich völlig verhindert.
(Längst wäre diese Schrift, und vielleicht schon vor 18 Jahren gedruckt, hätte nicht ein anderer böser Genius (leider walten derere mehrere über dem guten Selters) das zum Druck bestimmte Exemplar und die Kupfertafeln zurückbehalten.)

Er ist auch Ursache, daß dieselbe schwerlich, je ungetheilt, im Publico erscheinen wird, indem nicht Ein Buchhändler sich finden möchte, der das Werk unter den Bedingungen, die man machen zu müssen nöthig erachtet, verlegen kann und wird. Damit jedoch das Publikum *Selters*, und sein herrliches Mineralwasser, von einer Seite kennen lerne, von der es noch zur Zeit, durch nicht Einen unter den vielen Schriftstellern bekannt geworden ist, die über Selters und das Selterswassers geschrieben haben; so gebe ich hier aus dem größeren Werke, das Alles, so weit es mein ungezweifeltes Eigenthum ist: nehmlich die chemische Analyse des Wassers, und eine kurze Nachricht von seinen Heilkräften.

Die chemische Analyse des Selterser Wassers habe ich selbst beschafft. Diese war von Herrn *Andreae* noch nicht angefangen; und konnte ich, aus seinen und des Herrn Hauptmann *Lasius* Papieren, nichts weiter benutzen, als die Versuche über das specifische Gewicht, die natürliche Wärme des Wassers, und die Versuche mit Reagentien, so wie die über das quantitative Verhältniß des Gasgehaltes; Versuche die unmittelbar an der Quelle angestellt werden müssen, wenn sie die größte Wahrscheinlichkeit mit Genauigkeit gepaart, gewähren sollen. Alles übrige ist mein Eingenthum. Herr *Andreae* ließ mir zwar eine nicht unbeträchtliche Menge, des an der Quelle abgedampften Selterser Wassers, zu dessen Zerlegung, einhändigen; allein man hatte das Versehen gemacht, dieses Wasser nicht bis zur Trockene abzudampfen; die noch sehr flüssigen Rückstände hatte man in grüne Glas-Flaschen gefüllt, diese waren, während der 7jährigen Aufbewahrung, durch das Natron sehr angegriffen, das sie in großer Menge enthielten. Diese Flaschen waren fast zerfressen und die Rückstände daher höchst Kiesel-, auch Kali-haltig, und zu einer Analyse, wie ich sie liefern sollte, ganz unbrauchbar. Die Churtrierische Hofkammer ließ, auf meine Veranlassung, in Selters, unter Aufsicht des Herrn *Schimper*, damaligen Churtrierischen Hof-Kammerraths und des Brunnen-Arztes, Herrn Doctor Cöels zu Selters, eine bestimmte Menge Selterwasser in Selters, nach meiner Vorschrift, schöpfen, selbst an der Quelle abdanpfen, und mit die Rückstände mit mehreren Flaschen Selterser-Wasser, die gleichfalls nach meiner Vorschrift, so tief wie möglich unter dem Spiegel der Quelle gefüllt waren, zu der im Folgenden zu beschreibenden Untersuchung, übersenden. Mit diesem Wasser und den in Selters gefertigten Rückständen sind die Versuche angestellt, die diese Schrift enthält.

Da ich Herrn *Andreäs* Bemerkungen hiebei benutzt habe, so rede ich in seinem Namen; ich hoffe, man werde mir dieses und die Achtung, die ich dadurch einem verdienten Manne erweise, wohl aufnehmen.

Kürzer, um vieles kürzer ist der Abschnitt gerathen, der von den Heilkräften des Selterser-Wassers handelt; - wer kann jedoch mehr geben, als er hat; ich habe allen Fleiß auch auf diesen Abschnitt verwandt, habe selbst excerpirt, späterhin auch Freunde, auf der mit recht berühmten Bibliothek in Göttingen, alle Schriften nachschlagen lassen, die von dem Selterser-Brunnen handeln.

(Ich bin hier meinem vormaligen Mitarbeiter, Hrn. *Wedel*, jetzt bey Herrn Murrey [Murray] in Göttingen, sehr dankbar für die Mühe, die er sich für Selters gegeben hat.)

Mehrere gelehrte Aerzte, unter denen ich die Herren Leibärzte *Zimmermann* und *Wichmann*, Herren Hofmedicus *Lodemann* in Hanover, *Coels* in Selters, vor allen zu rühmen habe, hatten die Gewogenheit mir hülfreiche Hand zu bieten. Und doch ist meine Arbeit nur dürftig ausgefallen. *Tabernämontanus, Friedrich Hoffmann* der Vater und der Sohn, *Wolf, Zimmermann, Coels* und *Hufeland* haben das mehreste Verdienst um diesen Theil meiner Schrift.

[Erläuterungen des Herausgebers zu den genannten Persönlichkeiten, deren Nennung durch Westrumb deutlich macht, wie gut er in seiner Zeit schon „vernetzt" war.

Ferdinand *Wurzer* (1765-1844), Mediziner und Chemiker, studierte zunächst Philosophie und Medizin an der Kurkölnischen Akademie Bonn und promoviere 1786 zum Dr. med. Er wirkte zunächst als praktischer Arzt von 1789 bis 1794, dann als Professor der Chemie an der Bonner Akademie. Ab 1805 war er als Professor für Chemie an der Universität Marburg tätig. Bekannt wurde er durch seine chemische Analyse des Godesberger Mineralwassers von 1790.

Johann Gerhard Reinhard *Andreae* (1724-1793) verbrachte seine Lehrzeit in der Apotheke seines Vaters in Hannover, den er früh verlors, unter der Anleitung des damaligen Provisors Ruge. Bis Ostern 1746 war er in einer Apotheke in Frankfurt am Main tätig. Danach studierte er für kurze Zeit in Leiden, reiste 1747 nach England und kehrte dann nach Hannover zurück, wo er die Leitung der väterlichen Apotheke übernahm – ab 1751 als Eigentümer. Andreae war nicht nur als Apotheker sondern auch als Chemiker, Mineraloge und Botaniker erfolgreich. Von den hannoverschen Regierung erhielt er zahlreiche Aufträge, so auch zur Untersuchung der wichtigsten Mergel- und Bodenarten im Königreich Hannover.

Georg Sigismund Otto *Lasius* (1752-1833) trat 1770 in das hannoversche Ingenieurcorps ein, wurde 1775 zum Leutnant und 1780 zum Hauptmann ernannt. Ab 1779 war er in der Landesvermessung eingesetzt. Bekannt wurde er durch seine „Beobachtungen über die Harzgebirge nebst petrographischer Karte" (1789-1790). In den 1790er Jahren war er auch in Hameln mit der Erbauung der Festung sowie bei der Wegebauinspektion beschäftigt. 1804 bis 1813 war Lasius im Dienste des Herzogs von Oldendorg zuletzt als Direktor des topographischen Büros tätig.

Heinrich Ludwig *Schimper* (geb. 1753 in Trier) Brunnendirektor in Niederselters seit 1784 und Hofkammerrat.

Johann Georg Ritter von *Zimmermann* (1728-1795), in Brugg/Schweiz geboren, studierte Rhetorik, Geschichte und Philosophie in Bern, dann Medizin in Göttingen, wo er 1751 zum Dr. med. promovierte. Als Arzt wirkte er in Bern und ab 1754 als Stadtphysikus in Brugg. Er begann eine Tätigkeit als Schriftsteller, wurde 1768 Köngilich-Großbritannischer Hofarzt und Leibarzt in Hannover am Hofe Georgs III., vo wo aus er auch als medizinischer Berater zahlreicher gekrönter Häupter – u.a. von Friedrich dem Großen. 1786 erhob ihn die russische Zarin Katharina II. in den Ritterstand.

Johann Ernst *Wichmann* (1740-1802), studierte 1759 bis 1762 Medizin in Göttingen, ließ sich zunächst als praktischer Arzt in Hannover nieder und unternahm ab 1763/64 Studienreisen nach Frankreich und England. Nach seiner Rückkehr begann er auch eine schriftstellerische Tätigkeit. Er war mit Zimmermann eng befreundet und wurde neben ihm zweiter Leibarzt des Königs. *Lodemann* war Ober-Medizinalrat und Leib-Medicus in Hannover.

Bonifatius *Coels* (gest. 1808) war Wirklicher Amtsarzt in Limburg und wurde 1784 Brunnenarzt in der Kursaison in Niederselters.

Jacobus Theodorus *Tabernämontanus* (eigentlich Jacob Ditter oder Theodor aus Bergzaber (um 1522-1590) war Kräutersammler, studierte Medizin u.a.in Padua, wirkte zwischen 1538 und 1557 aus als Apotheker in Weißenburg. 1573 wurde er zum Dr. med. in Heidelberg nach weiteren Studien promoviert. Sein berühmtes balneologisches Werk über Heilquellen erschien unter dem Titel *Neuw Wasserschatz* 1581.

Friedrich *Hoffmann* (1660-1742), Mediziner der Frühaufklärung und Urheber der *Hoffmannstropfen* war zunächst Garmisonsarzt in Minden, bevor er 1693 an die neugegründete Universiät Halle berufen wurde. Er entdeckte die Heilquellen in Bad Lauchstädt und veröffentlichte 1727 seinen „Gründlichen Bericht von dem Selter(s)-Brunnen...".
Der Sohn Friedrich *Hoffmann jun.* (1703-1766) wirkte ebenfalls als Professor der Medizin in Halle. Er hatte 1733 zum Dr. med. promoviert und wurde bereits 1734 zum Professor in Halle ernannt. Er hielt vor allem Vorlesung zur *Materia medica,* d.h. zu den Wirkstoffen von Heilpflanzen.

Johann *Wolff* (um 1550-1616) war ein Marburger Mediziner, ab 1578 ordentlicher Professor für Medizin an der Universität Marburg. Er veröffentlichte u.a. 1580 eine Schrift über den Wildunger Sauerbrunnen.

Christph Wilhelm *Hufeland* (1762-1836) studierte von 1780 bis 1783 Medizin in Jena und arbeitete nach dem Promotion zunächst in der Praxis seines Vaters in Weimar, die er bis 1793 führte. Bis 1801 wirkte er als Professor in Jena, danach wurde er königlicher Leibarzt in Berlin. 1806 begleitete er Königin Luise zur Kur ach Pymont. In der neu gegründeten Universität Berlin wurde er ordentlicher Professor für spezielle Pathologie und Therapie. Zu seinen bedeutenden Werken gehört „Die Kunst, das menschliche Leben zu verlängern" (1797) und „Praktische Uebersicht über die vorzüglichsten Heilquellen Teutschlands" (1815, 3. Aufl. 1831).]

Die in Marburg 1813 erschienene Schrift „Beschreibung des Gesundbrunnens in Selters. Ein kurzer Auszug eines grösseren Werkes..." umfasst 142 Druckseiten und eine Tabelle.

Eine lesenswerte und auch für Laien verständliche Zusammenfassung erschien u.a. in dem Werk von Carl Anton *Zwierlein* (1755-1825; Dr. phil. u. Dr. med., königlich baierischer Hofrath, Brunnenarzt in Brückenau, später Direktor des Medicinal- und Sanitätscollegiums in Fulda) *„Allgemeine Brunnenschrift für Brunnengäste und Ärzte"* (2. Aufl. 1825):

Selterser Wasser,

Endlich einmal ist diesem schon lange bekannten Wasser widerfahren, was längst hätte geschehen sollen, eine genaue chemische Untersuchung an Ort und Stelle, durch den berühmten Chemiker **Westrumb**, dessen lehrreiche Schrift über Alles vollständige Nachricht ertheilet. Da sich in den siebenziger Jahren des verflossenen Jahrhunderts die Sage in den Rheingegenden verbreitete, daß die alte selterser Heilquelle nicht mehr vorhanden sei, und lange nicht mehr so viel Wasser als vormals liefere, daß dieses Wasser matt und arm an Heilkräften sei, und am Quellorte durch Kunst bereitet werde; so gab die damalige kurtrierische Statthalterei dem nun verstorbenen *Ritter von Zimmermann* in Hannover den Auftrag, einen unparteiischen Mann vorzuschlagen, der Selters in naturhistorischer, chemischer und marcantilischer Hinsicht untersuchen und beschreiben könnte. Seine Wahl viel auf den Apotheker *Andreä* in Hannover, welcher in Gesellschaft der Ingenieur-Hauptmanns *Lasius* 1787 drei Monate in Selters alles untersuchte. Nach seiner Rückkunft machten mancherlei Hindernisse und besonders seine langwierige Krankheit die Ausarbeitung und Beschreibung von Selters unmöglich. Er übertrug also die chemische Analyse, und die Ausführung des Ganzen dem Hrn. *Westrumb*. Weil aber diese ausführliche Beschreibung von Selters schwerlich je ungetheilt im Publicum erscheinen wird, so theilt Hr. *Westrumb* dasjenige mit, was er als sein Eigenthum ansehen kann, nämlich die chemische Analyse des Wassers und eine kurze Nachricht von seinen Heilkräften.

Herr *Westrumb* ließ eine bestimmte Menge Wasser in Selters, nach seiner Vorschrift und unter Aufsicht, schöpfen, an der Quelle abdampfen und die Rückstände mit mehreren, so tief als möglich, unter dem Spiegel der Quelle gefüllten Flaschen selterser Wasser sich überschicken. Mit diesem Wasser und jenen Rückständen sind seine Versuche angestellt. Nach diesen enthält ein Pfund Wasser

Kochsalz in Kristallen	18,55 Gran
Mineral-Alkali in Kristallen	16,77 „
Kohlensaure Kalkerde	2,52 Gran
Kohlensaure Bittererde	1,37 „
Kohlensaures Eisen-Oxyd	0,12 „
Kieselerde	0,24 „

Kohlensaures Gas 124 Kubizoll in 100 Kubikzoll Wasser.

Es wird zur Gattung der alkalisch-salinischen Wässer gerechnet. Es ist hell und klar, perlet sehr, und hat einen salzichten, den meisten Gaumen widrigen Geschmack; andere fanden ihn angenehm. Obgleich alle mineralische Wässer, wenn sie nicht gut verwahrt werden, verderben; so wird doch keines so bald unschmackhaft und verdorben, als eben das selterser Wasser. Wohl verstopft und im Kühlen aufbewahrt, bleibt es aber Jahre lang gut und hell.

Fr. *Hoffmann* hat dieses Wasser in Ruhm gebracht, worin es sicht bis jetzt noch meistens erhalten hat; doch werden ihm manche Wässer jetzt vorgezogen. Man trinkt es, seines salzichten Geschmacks ungeachtet, häufig im Sommer bei Tische und außer Tische, mit und ohne Wein, als einen kühlenden Trunk. Es wird mit Milch als eine Frühlingskur getrunken, aber jetzt weit seltener, als ehemals, wo es allgemein empfohlen und angewandt worden ist.

Das selterser Wasser ist nützlich im Sodbrennen, Erbrechen, Mangel an Appetits, Magenkrämpfen, falls Säure und Schleim diese Uebel verursachen; in Gicht und Scropheln; bei Verstopfungen der Eingeweide des Unterleibs, Hypochondrie, Hämorrhoidalbeschwerden, Leber- und Gallenlrankheiten; wenn es schon nicht als Heilmittel hinreicht, so ist es doch ein heilsames Nebenmittel. Von besonderem Werthe ist es bei chronischen Lungenkrankheiten, und zwar bei der Lungensucht mit Milch vermischt; aber nur unter passenden Umständen, im rechten Zeitraume, und auf zweckmäßige Art, welches ein einsichtsvoller Arzt jedesmal bestimmen muß. Bei Neigung zum Bluthusten ist dieses Wasser durchaus schädlich. Es wird mit gutem Erfolg getrunken bei Engbrüstigkeit, die eine materielle Anhäufung in den Lungen zum Grunde hat; bei Nieren- und Blasenkrankheiten, Gries, Stein, beschwerlichem Urinlassen. Bei sehr schwachem, und zur Blähsucht geneigtem Magen muß es gänzlich vemieden werden.

Der Brunnen liegt in einem Thale, einen guten Büchsenschuß weit oberhalb dem Dorfe Nieder-Selters, daher es auch Selterswasser oder Selzerwasser heißt, unweit der Stadt Limburg, fünf Meilen von Gies(s)en und eben so weit von Frankfurt am Main entfernt, jetzt zu Nassau-Weilburg gehörig. In einem kleinen Umfange ist es mit einer Mauer umgeben und mit Holz eingefaßt, und ohne Obdach. Aus der Jahreszahl 1000 glaubt man, daß er zu selbiger Zet zuerst müsst eingefaßt worden sein. *Tabernämontanus* war der erste, der desselben Erwähnung thut in seinem New Wasserschatz. Nach dem dreißigjährigen Kriege wurde er für 2 Gulden 20 Kr. Jährlich verpachtet; nachher für 5 Gulden. Er stieg nach und nach durch allerlei Mittel, so daß er vor funfzig Jahren auf einmal 14,000 Gulden verpachtet wurde. Hierauf ward er von der kurfürstlichen trierischen Kammer selbst verwaltet, und der Abgang war seit vielen Jahren, da man angefangen hat, ostindische Schiffe des Balastes damit zu beschweren, so stark, daß eine Million Krüge und darüber jährlich verschickt wurden, und daß man die reine Einnahme davon auf 80,000 Gulden angegeben.

———————

Bad Eilsen, Westrumb und die Fürstin Juliane

1805 erschien eine umfangreiche Schrift von WESTRUMB mit dem Titel

Beschreibung der Gesundbrunnen und Schwefelbäder
zu Eilsen in der Grafschaft Schaumburg

Erklärung zur Vignette (S. 213) *Strack fecit*:
Die Vignette stellt eine Ansicht des Tufsteinhügels mit seinen Brunnen vor, wenn derselbe, wie im Project ist, mit einem Wassercanal umzogen wäre; diese zur Zeit noch nicht ausgeführte Project zeiget übrigens der Grundriss deutlicher an.

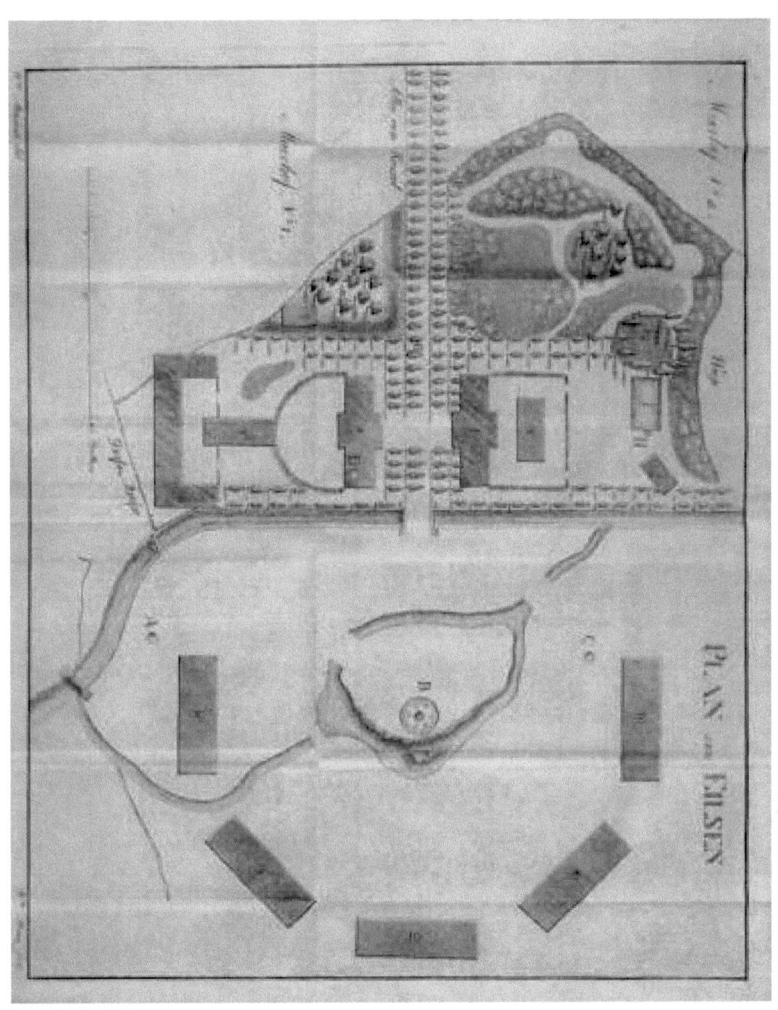

II. Zur Erklärung der Buchstaben und Nummern auf diesem Grundriss ist folgendes zu bemerken:

    A. der Georgen-Brunnen.

    B. Das leichte Schwefelwasser auf dem Tufsteinhügel.

C. Der Augenbrunnen.

D. Der eisenhaltige Säuerling.

E. Schwefelwasser beym Badehaus.

F. Die Julianen-Quelle.

G. Der süsse Wasseibrunnen

H. Die kleine Schwefelquelle beym Julianen-Bade.

I. Der Schlamm-Reservoir.

 i. Badehaus.

 2. Logirhaus

 3. Traiteurhaus.

 4. Wagenremise.

 5. Pferdeställe.

 6. Holzremisen.

 7. Keller.

 8. Pfannenhaus.

 9. Schlammbadehaus.

 10. Gebäude-Plätze, wovon jedoch noch keiner bebaut ist, und welche blos gezeichnet sind, um die Idee anzudeuten, welche dermalen eine Vergrößerung der Anlage zum Grunde liegt.

Anton Wilhelm Strack (1758-1829) war Vedoutenmaler, Kupferstecher und Professor für Zeichenkunst in Bückeburg, Hofmaler am Hofe von Fürstin Juliane von Schaumburg-Lippe.

Das umfangreiche Werk beginnt mit einer „Beschreibung von Eilsen" – mit der abgebildeten Vignette auf der Titelseite. Es erschien in „Kleine Schriften physicalischen, chemischen und technischen Inhalts"
Erster Band: Beschreibung der Schwefelbrunnen und Bäder zu Eilsen.

Gewidmet ist dieser Teil der Schrift „Dem Hochgebohrnen Grafen und Herrn, Herrn Johann Ludwig, des heil. Röm. Reichs regierenden Grafen zu Wallmoden-Gimborn, Sr. Grossbritannischen Majestät und Chrufürstlichen Durchlaucht zu Braunschweig-Lüneburg höchstbestallten General-Feldmarschall.
Graff Johann Ludwig von Wallmoden-Gimborn (1736-1811) hatte gemeinsam mit Fürstin Juliane zu Schaumburg-Lippe (1761-1799), geb. Gräfin von Hessen-Philippsthal, die Vormundschaft über den unmündigen Sohn Georg Wilhelm (1784-1860) von Graf Philipp II. Ernst zu Schaumburg-Lippe (1723-1787).

Und dort ist zu lesen:
Die verewigte Fürstin Juliane forderte mich vor einigen Jahren zur Untersuchung der Gesundbrunnen zu Eilsen auf; angezogen durch das Interessante dieses Gegenstandes, und gereizt durch die Hoffnung neuer Entdeckungen, wozu mir diese Untersuchungen und die Analyse des Schwefelwassers zu Winzlar, bey Rehburg, Gelegenheit geben würde, habe ich die Untersuchung der Eilsener Schwefelwasser nicht allein gern übernommen, sondern auch die mit derselben correspondierenden chemischen Versuche mehreremale wiederholt und die Resultate davon mit Sorgfalt gesammelt. So ist diese Schrift entstanden (...).

Vorrede

Die historische und chemische Beschreibung der Eilsener Schwefelwasser, die ich hier dem Publicum vorlege, ist auf Befehl der verewigten Fürstinn *Juliane*, Vormünderin und Regentin der Grafschaft Schaumburg-Lippe von mir verfasst worden. Sie enthält die Resultate einer vieljährigen, die Schwefelwasser im Allgemeinen und die Eilsener insbesondere betreffenden, Arbeit, und zerfällt, ausser der Einleitung in *Sieben* Abtheilungen.

Die *Einleitung* giebt von der Veranlassung dieser Beschreibung und der chemischen Analyse, so wie von den Absichten der verewigten Fürstin Nachricht. Sie erzählt die Geschichte der Brunnen und beschreibt ihren Zustand, wie ich ihn im Jahr 1801 gefunden habe.

In der *ersten Abtheilung* finden die gefälligen Leser eine nähere Beschreibung der Lage von Eilsen; des Eilsener Tales; der Gebirge die dasselbe einfassen; der Mineralbrunnen daselbst, ihrer Anzahl und der Form ihrer Behälter; so wie die Mineralien und Pflanzen die in der Nähe der Brunnen zu finden sind. Auch ist hier der nächsten Städte, und ihrer Entfernung von diesem Curorte, gedacht worden.

Die *zweyte Abtheilung* beschreibt die äussern und die, in die Sinne fallenden Eigenschaften, und zwar die Beschaffenheit des Bodens, in dem sie entspringen. Die Farbe der Mineralwässer; ihren Geruch; den Geschmack; ihr eigentümliches Gewicht, und die Ablagerungen der Quellen, welche sich in ihren Einfassungen und den Abflusscanälen finden lassen.

Die *dritte Abtheilung* handelt das Verhalten der Eilsener Schwefelwasser, in verschiedenen Graden der Wärme, an der Luft, in offenen und in verschlossenen Gefässen, auch in erhöheten Graden der Wärme ab. Sie lehrt uns zugleich die Materien kennen, welche die Mineralwasser fallen lassen.

In der *vierten Abtheilung* wird die Untersuchung der Eilsener Schwefelwasser beschrieben. Es werden zahlreiche Beweise für die Gegenwart schwefelhaltiger Stoffe und flüchtiger gasartiger Säuren beygebracht; auch werden die Salze und Erden, die sie enthalten können, durch Reagentien ausgemittelt.

Die *fünfte Abtheilung* bestimmt, aus den mit den Wassern angestellten Versuchen, das quantitative Verhältniss der Gasarten, des Lebergases [= Schwefelwasserstoff] und der Luftsäure [= Kohlenstoffdioxid]. Ich beschreibe hier zugleich einen neuen Apparat und eine neue Verfahrungsart, die Gasarten aus dem Wasser zu scheiden und das quantitative Verhältniss, des Lebergases und des luftsauren Gases, zum Wasser zu bestimmen.

In der *sechsten Abtheilung* gebe ich die sogenannten fixen Bestandtheile, oder das Verhältniss der Salze und Erden zu dem Wasser an, wie sie diese in einer bestimmten Menge Wasser enthalten. Ich führe hier nur zwei neue und bisher unbekannte Bestandtheile der Schwefelwasser, das *stickende Schwefelharz* und den *hydrothionsauren Kalk* [= Calciumhydrogensulfid], neben ihren ehemals bekannten Bestandteilen auf. Man findet hier zugleich die Methode beschrieben, wie ich gegenwärtig die Schwefelwasser und deren Ablagerungen auf ihre Bestandtheile untersuche.

In der *siebenten Abtheilung* finden sich die Eilsener Mineralwasser classificiret. Ich vergleiche sie dann mit den Schwefelwassern zu *Medevi* [Skandinavines ältester Kurort am Ostufer des Vättern-Sees im Nordosten von Östergotland in Schweden] und *Locka* in Schweden, dem *Limmerbade* bei Hannover, dem Bade zu *Enghien* [Belgien, Provinz Wallonien], in der Grafschaft Hennegau, zu *Baden* bei Wien, und dem *Nenndorfer* Schwefelbade. Ich führe, von einem jeden dieser Badewasser, tabellarisch und nach den Schriften, die von diesen Bädern handeln, die Bestandteile auf. Zuletzt stelle ich sie, mit den beiden Eilsener Hauptbrunnen nebeneinander und ziehe denn das, sich jedem Uneingenommenen von selbst darbietende, Resultat, dass das Julianenbad und der Georgenbrunnen den Vorzug vor allem Schwefelwassern verdienen, die ich mit ihnen habe vergleichen können.

Ich habe mich bemühet die abzuhandelnden Materien mit möglichster Deutlichkeit, Bestimmtheit und Kürze vorzutragen, ohne irgendeinen Gegenstand zu übergehen, und schmeichele mich daher des Beifalls der Sachkundigen. Sehe ich indess auf meine Arbeit zurück, dann finde ich noch hie und da Lücken; es sei mir daher erlaubt diese hier, so gut es mir möglich ist, auszufüllen, und von meinem pneumatischen Apparate; vom sogenannten stinkenden Schwefelharze; vom hydrothionsauren Kalke, der nie Kalkerdeschwefelleber werden wird; von den Arbeiten meiner Vorgänger, welche die Eilsener Wasser untersuchten; von den

Gebirgen in der Grafschaft Schaumburg, und von einigen andern Gegenständen umständlicher reden zu dürfen.

(…)

[Der nun folgende sehr ausführliche, oben angekündigte Teil ist ausgespart – er kann in der digitalisierten Originalschrift über *wikisource* eingesehen werden – s. auch unter Literaturangaben.]

Die folgende Teil der Schrift ist gewidmet
„Dem Hochgebohrenen Grafen und Herrn,
Herrn *Georg Wilhelm*, Erbgrafen zu Schaumburg,
Grafen und edlen Herrn zur Lippe und Sternberg

(…)
Hameln,
den 2. Decbr. 1804,

Einleitung
§. 1
Veranlassung der Beschreibung und chemischen Analyse
der Eilsener Mineralwässer.

Das schönste und fruchtbarste Ländchen des nördlichen Deutschlands, die Grafschaft Schaumburg-Lippe, welche, rechnet amn ihm das nahegelegene Rehburger Bad und den merk-würdigen Steinhuder See, in dessen Mitte Graf Wilhelm die berühmte Festung, der Wilhelmstein, erbauete, hinzu, mit Recht den Namen der norddeutschen Schweiz verdient, hat das Glück genossen, mehrere achtungswürdige Regenten zu besitzen. Wem

137

ist der Graf Wilhelm, der Held, der Philosoph, nicht bekannt, der als Soldat und Gelehrter gleich berühmt war? Er hat viel, sehr viel für sein Land gethan und manche nützliche Anstalt, unter andern vortreffliche Unterrichtsanstalten für den Militär- und Bürgerstand errichtet. Ihm folgte, nach einem kurzen Zeitraume, in welchem Graf Philipp Ernst regierte, die Gemahlin des letzteren, die Fürstin Juliane, aus dem Hause Hessen, eine höchstverehrungswürdige Frau.

Juliane von Hessen-Philippsthal

Zu den genannten Personen:

Graf Wilhelm Friedrich Ernst zu Schaumburg-Lippe (1724-1777, regierte ab 1748) war ein bedeutender Militärhistoriker. Er nahm am Siebenjährigen Krieg teil; sein Vorbild war König Friedrich II. von Preußen. In seiner Grafschaft förderte er Gewerbe und Ackerbau.

Graf Philipp Ernst II. zu Schaumburg-Lippe (1723-1787; regierte ab 1777), in erster Ehe mit Prinzessin Ernestine Wilhelmine von Sachsen-Weimar (1722-1769), in zweiter Ehe ab 1780 mit Prinzessin **Juliane** Wilhelmine Luise von Hessen-Philippsthal (1761-1799) verheiratet. Die vier Kinder aus erster Ehe waren bis 1780 alle verstorben.

Der Erbprinz **Georg Wilhelm** zu Schaumburg-Lippe (1784-1860) war von 1787 – zunächst unter der Regenschaft seiner Mutter – bis 1807 Graf von Schaumburg-Lippe und nach dem Beitritt zum Rheinbund Fürst von Schaumburg-Lippe. 1816 erließ er eine ständische Verfassung.

Gräfin JULIANE wurde als Tochter von Wilhelm von Hessen-Philippsthal, der in holländischen Diensten als General der Kavallerie und Gourverneur von Herzogenbusch stand, in Zütphen in der Provinz Geldern geboren. Nach dem Tod ihres Ehegatten übernahm sie gemeinsam mit Graf Johann Ludwig von **Wallmoden-Gimborn** (1736-1811), kurhannoverscher Feldmarschall (und Kunstsammler) die Regentschaft für ihren unmündigen Sohn. Unmittelbar nach dem Tod ihres Mannes ließ Landgraf Wilhelm von Hessen-Kassel die Grafschaft Schaumburg als heimgefallenes Lehen militärisch besetzen. Landgräfin Juliane jedoch gelang es durch Einschalten des Reichshofrates und mit Unterstützung aus Hannover und Preußen einen schnellen Abzug zu erreichen. Ihre Regentschaft wird als sehr segensreich bezeichnet; sie führte Reformen in Wirtschaft und Schulwesen durch, schränkte die Hofhaltung ein und konnte Steuerkürzungen durchsetzen – und sie gilt als die Gründerin Kurbades Eilsen.

Unter dem vielen Guten, so das Land dieser Fürstin verdankt, ist es ihr auch den Plan und die ersten wesentlichen Vorkehrungen zu Errichtung der Badeanstalt in Eilsen schuldig. Sie lernte auf ihren Reisen die Bäder zu Plomnieres, zu Enghien, zu St. Armand kennen, fand im Eilsener Thale Schwefelwässer und schwefelhaltigen Schlamm, die ihr Ähnlichkeit mit jenen Wässern und Übereinstimmung mit dem als äußerst heilsamen Badeschlamm zu St. Armand zu haben schienen. [St. Armand-les-Eaux, franz. Department Nord, mit vier Thermalquellen, im 17. Jh. neu entdeckt, um 50 v. Chr. von Römern benutzt; mit schwefelhaltigen Schlammbädern] Dies erzeugte in ihr den Wunsch, Deutschland eine solche Badeanstalt, wie zu St. Armand ist, und ihrem Land den Nutzen, den diese Anstalt natürlich haben wird, zu verschaffen. Sie machte mit der Ausführung dieses Wunsches eigentlich erst im jahre 1797 den Anfang, und übertrug die Betreibung des Geschäftes ihrer vormundschaftlichen Rentkammer. Der auf dem Situationsrisse mit A bezeichnete Brunnen, der jetzt den Namen des Georgen-Brunnens führt, wurde aus Veranlassungen, welche der Leser in dem nächsten § erfahren wird, zwar schon im Jahre 1799 aufgeräumt, und mit Ringsteinen gefasst, jedoch damals noch auf eine ausgedehnte Badeanstalt nicht gedacht. In der Folge wurde diese Quelle von dem jetzt in London befindlichen Chemisten Herrn Accum, einem geborenen Bückeburger, chemisch untersucht. Diese Untersuchung viel sehr zu Gunsten des Wassers aus und warn neben den dringenden Anträgen der Bückeburgischen Herren Ärzte, Veranlassung, dass vom Jahr 1791 an nach ein ander die meisten in Eilsen befindlichen Quellen aufgeräumt und gleich die ersten gefasst und auf das sorgfältigste vor dem Andrange fremder Quellen verwahrt wurden. Es sind überhaupt acht verschiedene Mineralquellen, eine derselben liegt auf einer Wiese ausserhalb des Brunnenplatzes.

Einge Jahre darauf erteilte mir die Fürstin den Auftrag, die vorzüglichsten der Eilsener Quellen zu analysieren. Diese Untersuchung ist von mir im Jahr 1799 in Gegenwart der höchstverehrlichen Fürstin angefangen und nach ihrem zu allgemeinen Bedauern zu frühzeitig erfolgten Ableben, im Auftrag des jetzigen Gräflichen Vormundes, regierenden Herrn Grafen von Wallmoden-Gimborn im Jahr 1800, unter den Augen des Herrn Erbgrafen zu Schaumburg-Lippe und mehrerer angesehenen Personen an der Quellen fortgesetzt, und endlich hier, wegen mancherlei Untersuchungen, die deshalb unternommen werden mussten, erst im Winter 1801 bis 1802 völlig beendigt werden können.

§. 2
(Auszug – Fürstin Juliane betreffend)

(...)

Im Mai des Jahres 1791 entschloss sich die gute Fürstin Juliane, die bisher noch nicht gefassten Quellen aufräumen und fassen zu lassen; Es geschah dieses gleich hintereinander, und nicht ohne grossen Kostenaufwand. An der jetzigen Georgenquelle zwar schon im Jahr 1788, aber nunmehro auch an der Quelle auf dem Tufsteinhügel, hernachmals an dem Julianen-Brunnen. Die Quelle, so zuletzt gefasst worden, war der sogenannten

141

Augenbrunnen, in dessen Nähe sich der Schwefel- Kohlen- und Erdharzhaltige Badeschlamme befindet.

Den Absichten der Fürstin gemäss, welche Bäder, wie die zu St. Armand, Norddeutschland geben wollte, wurden da wo es das Terrain erlaubte Reservoire zum Auffangen des Wassers und des an der Luft aus ihm erfolgenden Niederschlages angelegt. Ein solches sehr großes Reservoir findet sich in der Nähe des Julianen-Bades.

Die Fürstin und Regentin Juliane, bewogen durch ihre gemeinnützlichen Absichten und durch den Ruf, den die Eilsener Mineralwässer nun schon ohne alles Zutun durch sich selbst erhielten, und in der Betrachtung, dass in dem kleinen und sehr geringen Dorfe Eilsen die Badenden nur eine einigermassen erträgliche Bequemlickeit nicht finden konnten, fasste den Entschluss, hier eine gewöhnliche Brunnen- und Badeanstalt anzulegen, und sie mit einem Schlammbade zu verbinden. 1798 und 1799 zu Eilsen, von den Bewohnern, auf deren Grund und Boden die Quellen befindlich waren, gegen ansehnliche Vergeltungen das Grundeigentum von etwa 23 Morgen Fläche, worauf die sämmtlichen Quellen, ausser einer einzigen, entspringen. Sie liess die Häuser, die auf diesen Plätzen standen, wegnehmen und gab ihren Bewohnern bessere und zweckmäßiger eingerichtete an andern Plätzen der Eilsener Dorfmark. Sie liess den Anfang zu verschiedenen Ortsverschönerungen machen. Es wurde von Ihr auf die Anlage eines Badehauses und anderer zweckdienlicher Gebäude gedacht. Aber der Tod entriss Sie zu früh für das gemeinnützliche Unternehmen; Sie hinterliess die Ausführungen dem Mitvormunde Ihres Herrn Sohnes, des Herrn Erbgrafen

Georg, dem Herrn Feldmarschall Reichsgrafen von Wallmoden-Gimborn. Der Herr Graf von Wallmoden-Gimborn beschloss, die Plane der guten Fürstin Juliane zur Ausführung bringen zu lassen. Es liess Hochderselbe den von Bückeburg nach Eilsen, über den mit Laubholz bewachsenen Berg, dem *Harrel* genannt, führenden Weg verschönern und ihn bis auf den Brunnenplatz mit Bäumen bepflanzen. Der Brunnenplatz wurde geebnet, mit Rasen belegt und gleichfalls mit Bäumen bepflanzt. Es entstand mitten auf dem Brunnenplatz ein zwar nicht kostbares aber niedliches Badehaus, mit sechs Bädern, einem großen Saale und mehreren Zimmern für Badegäste.

III. Der sich auf den Grundriss [s. S. 129] *beziehende Prospect ist von der Nordseite her gezeichnet...*

Tuffstein-Brunnen heute

Brunnenhaus der Georgenbrunnens

Am Julianenbrunnen in Bad Eilsen

Aus den Schriften
zur angewandten Chemie

1786 begann ich mit der Herausgabe meiner Reihe
Kleine physikalisch-chemischen Abhandlungen,
die in insgesamt 6 Bänden (mit jeweils mehreren Heften) bis 1800
erschienen sind (1805 auch noch unter diesem Titel über Eilsen).

Im Vorbericht zum ersten Band schrieb ich über meine Beweg-
gründe:

Der Beifall, mit welchem die Chemisten meine kleinen Aufsätze
beehrten, die der Herr Berg-Rath Crell in seine Neuen
Entdeckungen und seine Chemischen Annalen aufnahm, hat mich
zum Druck der gegenwärtigen Sammlung kleiner Abhandlungen
vermocht. Sie gehören alle in das Gebiet der physischen Chemie,
ich wünsche ihnen den Beifall der Kenner, und bitte diese um
gütige Nachsicht mit meinen Fehlern, meinen Irrtümern und
meiner Schreibart. – Irrte ich ja, so irrte ich doch nicht vorsetzlich.
– Gemeinnützigkeit, war der Zweck, welchen ich mir bei der
Ausarbeitung dieser Aufsätze und der darin beschriebenen
Versuche vorsetzte, Wahrheit war es, die sich suchte. Ob ich jenes
erreicht, dieß überlasse ich der Entscheidung der Chemisten.

Hameln, im Jenner 1785.

Über die Bleiglasur unserer Töpferwaare und ihrer Verbesserung (1795)

Der Töpfer (Hafner) – Amman: Ständebuch 1568)

Vorrede

Die beiden Abhandlungen, die ich dem Publicum hier vorlege, stehen in sehr genauer Verbindung mit der Schrift, welche der Herr Hofrath *Ebell* über diesen Gegenstand herausgegeben hat, und können als eine Zugabe zu derselben angesehen werden.

Die erste dieser Abhandlungen enthält die von mir mit der Bleiglasur, und in Hinsicht auf ihre grössere oder geringere Auflöslichkeit, in Speisen und Getränken, angestellten Versuche; Versuche, die der Herr Hofrath nur kurz erwähnt. Die Leser finden hier zugleich die von mir vorgebrachten Behauptungen und Meinungen, welche der Herr Hofrath in seiner Schrift bestreitet. Durch den Abdruck dieser Abhandlung wird der mehrmals von Schriftstellern und Aerzten geäusserte Wunsch, dass ich meine Versuche mit aller darauf verwandten Umständlichkeit bekannt machen möge, damit sie dieselben beurtheilen, und mit denen, so in anderen Schriften bekannt gemachten, vergleichen könnten, erfüllt. Ich wünsche, dass sie Jedermann von meinem Glauben, den ich jetzt von der Schädlichkeit der Topfglasur hege, so überzeugen mögen, wie sie mich überzeugt haben.

Beim Anfang der Untersuchung der Bleiglasur war ich nicht rein unpartheiisch: und aufrichtig gestehe ich hier, dass die Glasur der leichten Töpferwaare, der Fayance und des gelben englischen Steingutes nicht leicht einen grössern Feind gehabt haben könnten, als ich gewesen bin. Erfahrungen an Andern; Erfahrungen die ich an mir selber gemacht zu haben glaubte, zusammengenommen mit den Aeusserungen und Urtheilen, die sich in den Schriften der Aerzte und Chemiker aufgezeichnet finden, hatten mich mit Abneigung gegen alle Geschirre der Art erfüllt*). Mit unerschütterlichem Vorurtheil gegen diese Geschirre eingenommen, machte ich mich an die Untersuchung, welche die Königliche Landesregierung mir aufgetragen hatte. Ich zweifelte beinahe nicht, alle Speisen und Getränke, die ich in den mit Blei glasirten Geschirren bearbeiten würde, gänzlich durch diese Glasrur vergiftet zu finden; und freute mich in Voraus darauf, daß ich allem diesen Gefässen nun würde das Verdammungsurtheil sprechen können. Aber – wie erstaunte ich nicht – da sich gerade das Gegentheil hervorthat und wie ich, bei der gespanntesten Erwartung, und angestrengtesten Aufmerksamkeit, oft auch nicht eine Spur, oft nur ein Stäubchen Blei da fand, wo ich es in Menge zu finden, vorausgesetzt hatte. Kaum trauete ich meinen Augen, und sahe eine Menge von Versuchen, als nicht geschehen an, und liess diese durch einen geschickten jungen Mann, Herrn *Heukenkamp*, auf das allersorgfältigste, oft mehr als einmal, und mit einem nicht unbeträchtlichen Aufwande von Zeit und Kosten wiederholen, um Andern und mir allen Zugang zum Zweifel zu verschliessen. Der Erfolg dieser Versuche war, wie die Leser selbst in den neuen, mit *Anmerkungen* bezeichneten Zusätzen, finden werden, mit den Erfolgen der vorigen Versuche über-einstimmend. Dies alles erzeugte nun die Meinung von der Tofpglasur bei mir, die ich in meinem schriftlichen Gutachten vorgetragen habe. Und die man mir so sehr zur Last gelegt hat.

Ob ich nun gleich der Glasur der Gelbtöpferwaare das Wort rede, und behaupte, sie sei so auflöslich nicht, und könne daher der Gesundheit so nachtheilig nicht seyn, als man sie hat machen wollen: so glaube man indes nicht, dass ich nun ein eben so grosser Vertheidiger und Lobredner derselben geworden bin, als ich zuvor Gegener war. Nein, so ist es nicht! Im Gegentheil sehe ich die Verbesserung der Glasur, so wie überhaupt des Kochgeschirres, als nothwendig und als Pflicht für diejenigen an, denen es obliegt, alles dasjenige aus dem Wege zu räumen, was der Gesundheit auch nur eines Menschen gefährlich werden könnte. Ich selbst habe mich bemühet, das Meine zur Erreichung dieser wichtigen Sache beizutragen, die Glasur unschädlich zu machen, und die Bleibereitungen möglichst aus ihr zu entfernen.

Von diesen Bemühungen handelt die zweite Abhandlung, die ich der Aufmerksamkeit der Chemiker und Technologen empfehle. In dieser Abhandlung ertheile ich von einer Menge von Versuchen Rechenschaft, zu denen mich das Ansehen und die Vorschriften bekannter Schriftsteller, und meine Einsichten leiten. Diese Versuche sind zwar mit möglichster Treue und Sorgfalt, und unter so vielfachen Abänderungen der Umstände angestellt worden, wie nur in meiner Gewalt waren. Aber herzlich bedaure ich es, dass meine Bemühungen umsonst gewesen sind, und dass ich ein solches Glasurgemisch nicht habe finden können, das eines Bleikalkzusatzes zur leichtem Schmelzbarkeit nicht bedarf, und doch alle Eigenschaften einer guten Glasur besitzt. Ueberhaupt hat es sogar den Anschein, als wenn eine ganz bleifreie Glasur, die sich für die leichte Töpferwaare schickt, ein Problem ist, das vorerst so leicht nicht gelöset werden mögte.

Ich leite diese unangenehme Folgerung nicht blos aus meinen Erfahrungen, sondern auch aus den Erfahrungen des Herrn *Professor Trom(m)sdorf* ab, die dieser achtungswürdige Mann mir mitzutheilen die Güte gehabt hat. Vielleicht sind Andere glücklicher, wie wir gewesen sind, und noch gebe ich die Hoffnung nicht auf, man werde, bei abgeändetem Bau der Töpferöfen und bei Umständen, die mir nicht zu Gebote standen, dahin kommen, wohin zu dringen mir unmöglich war; meine Arbeiten bahnen vielleicht den Weg dazu.

Wie ich mit sicherer Hand weiss, so ist Herr Professor *Hermbstädt* schon im Besitz eines Glasurgemenges, das im Feuer eines gewöhnlichen Ofens im Fluss kommt, nur ein Drittheil theurer ist, als die Bleiglasur, und die mehrsten ihrer guten Eigenschaften besitzen soll. Ausserordentliche Freude wird es mir und gewiss allen denen seyn, denen Menschenwohl am Herzen liegt, wenn sich diese Nachricht bestätigen, und der Gebrauch dieser Glasur im Grossen anwendbar gefunden werden sollte.

Hameln, im Februar 1795.

Johann Friedrich Westrumb.

Zur Fußnote:

*) Mein Gesundheitszustand ist seit einer langen Reihe von Jahren nicht der beste, ich leide oft an Beschwerden des Unterleibes, und glaube mehrere Gründe zu haben, die Ursach dieser Beschwerden mit im Bleigenuss suchen zu dürfen. Um diesem vermeinten Feinde meiner Gesundheit für die Zukunft zu entgehen, wird seit 15 Jahren, in meinem Hause, alles in Gefässen von reinstem englischen Zinne, und wo dies nicht angehet, in eisernen Töpfen, oder in Gefässen von deutschen Steinguthe gekocht und zubereitet. Auch in meinem Laboratorio wird, so viel als möglich, blos in Zinn, Porcellain, Glas und Steinguth gearbeitet, und nur in äusserst selten Fällen lasse ich den Gebrauch der kupfernen und der Geschirre von gelber Töpferwaare zu.

Die genannte Veröffentlichung von *Hofrat G. A. Ebell* ist 1794 in Hannover unter dem Titel „Die Bleyglasur des irdenen Küchengeschirrs als eine unerkannte Hauptquelle vieler unserer Krankheiten und Mitursache der Abnahme körperlicher Kräfte der Menschen, besonders der höhern Stände, aus gerichtlichen Verhören und anderen Beweismitteln dargethan" (672 S.!, mit Kupfern) erschienen.

Der mir von meiner Ausbildung in Hannover wohlbekannte Professor Klaproth in Berlin zitierte meine Arbeit in seinem 1810 erschienenen 5. Band (Se-Z) des *Chemischen Wörterbuches* unter „Thonwaare, Töpferwaare":

„... Schon früher hatten die Chemisten auf die Nachtheile, welche aus der durch die Speisen bewirkten Auflösung des Bleies, das in der Glasur der irdenen Geschirre enthalten ist, für die Gesundheit entstehen können. Aufmerksam gemacht. Dieser Gegenstand ist in unseren Tagen von *Ebell* wieder in Anregung gebracht worden (....) und hat vielen Menschen die größte Besorgniß verursacht. *Ebell* sah übrigens den Gegenstand von einer zu schwarzen Seite an. Die Versuche von *Westrumb* (...) haben gezeigt, daß man bei Anwendung der nöthigen Sorgfalt keine Nachtheile für die Gesundheit zu befürchten habe. (...)"

In der „Geschichte der Technologie..." von Johann Heinrich Moritz Poppe (3. Band 1811) ist zu lesen:
„Vor *siebzehn* Jahren trat der hochverdiente *Ebell* in *Hannover* öffentlich auf, und behauptete, daß nicht bloß Töpfe durch Bleystaub und Bleydämpfe leiden könnten, sondern vornehmlich, daß das Bley an den *Glasuren* selbst sehr schädlich sey, wenn man sie in den glasirten Gefäßen kochte, oder scharfe saure Sachen

darin aufbewahrte. Er belegte seine Behauptungen mit vielen Beispielen. Aber aus einer sehr achtungswerthen Liebe und Sorge für die Menschheit hatte er seine Behauptungen zu weit getrieben. Andere treffliche Männer, z. B. *Westrumb* in Hameln, widerlegten daher seine Behauptungen zum Theil sehr gründlich..."

Und auch im „Kunst- und Gewerbe-Blatt" (20. Jg., 12. Band, 1834, 47/48) ist zu lesen:
„Im Jahre 1794 erschien in Hannover eine Abhandlung von G. A. Ebell welche auf die Gefahren der Bleiglasur aufmerksam machte, und welche die Behauptung aufstellte, daß seit Einführung der Bleiglasuren zu Ende des 15. Jahrhunderts in Italien, seit 1450 in Paris und seit 1530 in Teutschland, ganz neue Krankheiten zum Vorschein gekommen wären, welche Mitursache der Abnahme körperlicher Kräfte des Menschengeschlechtes seyen. Diese, allen regierenden Fürsten und deren Stellvertretern zugeeignete Schrift erregte allgemeines Aufsehen, und gab Veranlassung zur Untersuchung durch mehrere Regierungen. Gegen Ebells Ansicht sprachen sich mehrere Gelehrte der damaligen Zeit aus, unter diesen wohl am gründlichsten J. F. *Westrumb* in Hameln, in seiner 1795 herausgegebenen Abhandlung. Er überreichte diese Abhandlung bereits im Jahre 1794 der Landesregierung von Hannover, in deren Auftrag er die Untersuchung vorgenommen hatte, und machte dann seine ferneren Versuche über Darstellung bleyfreyer Töpferglasur bekannt."

Georg August EBELL (1745-1824) war einer der Söhne des Abtes vom Kloster Loccum, von Georg Wilhelm Ebell (1696-1770, Abt ab 1732, auch Land- und Schatzrat der Calenberg-Grubenhagenschen Landschaft). Er besuchte die Klosterschule in Ilfeld und begann 1764 ein Studium der Rechtswissenschaften in Göttingen, wo er sich auch mit Georg Christoph Lichtenberg anfreundete. Ebell trat in den hannoverschen Staatsdienst ein, wurde Hof- und Kanzleirat in Hannover, wirkte von 1798 bis 1817 als Oberpostmeister der Hannoverschen Post in Bremen und lebte im Ruhenstand in Hoya. Seine Interessen als privatgelehrter Autor galten vor allem den Gesundheitsthemen seiner Zeit. Im „Medicinischen Schriftsteller-Lexicon" (Band 5, 1831) wird er „zu Hoya, Hannöv. Hof- und Canzleirath, und privatisirender Gelehrter" bezeichnet.

Johann Bartholomäus TROMMSDORF (1770-1837), Apotheker in Erfurt, gründet 1794 eine pharm.-chem. Zeitschrift, ab 1795 Prof. f. Chemie und Pharmazie.
Sigismund Friedrich HERMBSTÄDT (1760-1833), studierte an der Univ. Erfurt Medizin u. Pharmazie, 1791 o. Prof. der Chemie u. Pharmazie am Collegium Medico-Chirurgicum in Belin, Leiter der Köngil, Hofapotheke, ab 1809 o. Prof. f. Chemie u. Technol. An der neugegründeten Universität in Berlin.

Bemerkungen und Vorschläge
für Brannteweinbrenner

Hannover,
bey den Gebrüdern Hahn,
1793.

Widmung:
Seiner Hochwohlgebohrnen Gnaden, dem Herrn Drosten,
Landrath ind Licentcommissario

Ernst Bodo von Alten

zu Burgwedel, Erb- und Gerichtsherren zu Wilkenburg.

Das Geschlecht der von Alten ist eines der ältesten in Niedersachsen. Ernst Bode Friedrich von Alten (1754-1799) wurde auch als „Schatzrath, Land- und Licent-Kommissar im Fürstentum Lüneburg" bezeichnet. E. B. von Alten war ab 1777 Drost bzw. Amtmann im Amt Burgdorf (historisches Verwaltungs-gebiet vom Fürstentum Lüneburg), ab 1789 in gleicher Funktion im Amt Burgwedel vom Königreich Hannover. Wilkenburg ist heute ein Stadtteil von Hemmingen in der Region Hannover. Das Rittergut Wilkenburg war von 1215 bis 1904 im Besitz der Familie von Alten.

An die Herren Gebrüder Hahn.

———

Sind Sie würklich überzeugt, meine Freunde, dass der besondere und mehrfache Abdruck meiner kleinen Schrift – Ueber die Kunst, Branntewein zu brennen, – einigen Nutzen haben wird? denn willige ich gern ein; und wünsche nichts herzlicher, als dass sie ihre Absicht erreichen möge, Erleichterung und zweckmässige Verbesserung eines nicht unwichtigen Nahrungszweiges unserer Mitbürger zu befördern. Dies würde die möglichst grösste Belohnung seyn, die uns allen nur je zu Theil werden könnte.

Hameln im November 1792.

Johann Friderich Westrumb.

———

(Zur *Hahnschen Buchhandlung* in Hannover s. S. 79)

Branntweinbrenner – aus: Ch. Weigel, Hauptstände 169

Einige
Practische Bemerkungen,
die Kunst
BRANNTEWEINBRENNKUNST
betreffend.

———

Historische Destillationsanlage für Branntwein

Einleitung.

§. I.

Der Genuss des Brannteweins gehört zu den herrschendsten Gewohnheiten, eines beträchtlichen Theiles, der Bewohner des nördlichen Deutschlandes: man trinkt ihn fast allgemein. Der geringere Theil des Volks, unter seinen uralten Namen; der vornehme und reiche Mann, unter den reizender klingenden Benennungen, die der französische Destillateur für das schleichende Gift erfand.*)

*) Diese Gewohnheit wird bleiben, Volkslehrer wie *Faust – Entwurf zu einem Gesundheits-Catechismus* – mögen auch noch so sehr dagegen predigen. Man gebe dem Volke ein besseres, gesunderes und stärkeres Bier, wie es sich jetzt zu verschaffen im Stande ist; und sie wird von selbst wegfallen. (...)

Bernhard Christoph FAUST (1755-1842), Studium in Kassel und Göttingen, 1777 in Rinteln zum Doctor Medicinae promoviert; Gräf. Schaumburg-Lippischer Hofrath und Leibarzt, „Gesundheits-Katechismus zum Gebrauche in den Schulen und beim häuslichen Unterricht", Bückeburg 1794

Dieser häufige Gebrauch des Brannteweins veranlasste zwar, dass die Kunst des Branntweinbrennens, zu einem ansehnlichen Nahrungszweige vieler Länder und auch derjenigen Gegend geworden ist, die ich bewohne; aber erhebliche Verbesserungen der Kunst und des Getränkes selbst, veranlasste er nicht.

Man arbeitet fast überall noch so, und gehet gerade so zu Werke, wie es vor undenklichen Zeiten üblich war. Man bedient sich noch eben der Geräthe und des nemlichen Verfahrens, das ehemals gebraucht wurde; und hat, von einer Menge neuer und nützlicher Entdeckungen, die die Scheidekunst in neuern Zeiten machte, kaum etwas gehört, vielweniger sie benutzt; und doch bedarf dieser Nahrungszweig so grosser Verbesserungen, und ist ihrer so fähig. Zu diesen Verbesserungen hoffe ich etwas beytragen zu können, und werde es mir erlauben, meinen gefälligen Lesern, in den folgenden Blättern, einige Erfahrungen und Bemerkungen über die Brannteweinbrennkunst vorzu-legen.*)

*) Dieser Aufsatz findet sich, dem Hauptinhalte nach, schon in den chemischen Annalen von 1792. (II. B. 481.) Ich gebe ihn hier aber völlig und umständlicher ausgearbeitet, theils um seine Brauchbarkeit zu erhöhen, theils aber auch, um seine Verbreitung zu befördern. Zugleich ersuche ich alle Leser dieser Schrift, denen es um Verminderung der Kosten, und um Erleichterung des Nahrungsgewerbes ihrer Mitbürger ein Ernst ist, für die weitere Bekanntwerdung des Inhalts mit mir Sorge zu tragen. Verminderung des Holzaufwandes, Verbesserung der Kunst selbst, und der Dank eines beträchtlichen Theiles ihrer Mitmenschen, wird der ausbleibliche Lohn ihrer Bemühungen seyn. Gern, und dazu mache ich mich hier feyerlich anheischig, will ich *unentgeltlich* jedem, der es wünscht, mit näheren Belehrungen und überhaupt mit allem an die Hand gehen, was und wie er es immer wünschen mag.

§. 2.

Die Bemerkungen, die ich hier bekannt mache, sind, so wie die Vorschläge und Anleitungen, die ich ertheilen werde, nicht etwa blosses und gut gemeintes Raisonnement, eines sich weise dünkenden Reformators. Sie sind aus dem Kreise einer zwölfjährigen Erfahrung geschöpft, und gründen sich auf Versuche und Beobachtungen.

Dass ich diese machen und jene anstellen konnte, dazu gab mir meine Lage und der heisse Wunsch, der mich beseelt, Nutzen zu schaffen, wie und wo ich kann, sattsame Gelegenheit. Ich bin zwar nicht im Besitz einer Brannteweinbrennerey und beschäftige mich also, mit der Ausübung der Kunst nicht eigentlich selbst, aber ich habe das Glück, mit einer nicht kleinen Anzahl von Männern, aus allen Ständen, in Verbindung zu stehen, deren Haupt- oder doch Nebengeschäft im Brannteweinbrennen besteht. Von diesen bin ich öfterer um Rath gefragt worden, und werde noch oft gefragt. Alles also, was das Publicum in folgenden Blättern finden wird, verdankt er eigentlich nicht mir, sondern dieses Männern: es sind Vorschläge, die ich ihnen gegeben habe; die der eine oder andere ausführte und bewährt fand: also nunmehro Vorschläge von der reinsten Erfahrung abgezogen.

I. Anweisung, wie man der Bierhefen zu Anstellung des Brannteweingutes ent- behren kann.
§. 3.

Der Ort, den ich bewohne, giebt drey und zwanzig einheimischen, und vielleicht eben so vielen auswärtigen Brennereyen, Beschäftigung und Nahrung. Diese grosse Anzahl von Brennereyen bedarf zur Anstellung des Gutes (der Maische, Mischung aus Schrot und Wasser) einungleich beträchlicheres an Hefen (Gest), als die beyden hiesigen Brauhäuser, und die hiesige Bieressigbrauerey, zu liefern im Stand sind. Die mehresten unserer Brennereyen, sind daher gezwungen, die nöthigen Hefen, mit grossen Kosten, von auswärtigen Brauereyen holen zu lassen. Da aber auch diese das erforderliche kaum liefern können, so ist es nicht selten der Fall, dass die eine oder andere Brennerey, aus Mangel an Hefen, feyern muss. Dieser Umstand, und dass ich sehr oft, von Besitzern auswärtiger grosser Brennereyen, bin gefragt worden: ob ich nicht ein Gährungsmittel kennen, welches die Bierhefen entbehrlich mache? Hat mich endlich, durch Nach-denken und Versuche, solche Gährungsmittel finden lassen, Diese Mittel sind in mehreren Brennereyen, von vernünftigen und Vortheilsfreyen Männern geprüft und bewährt gefunden worden. Da der Hefenmangel nun nicht bloss bey uns statt hat, sondern sich überall finden wird, wo meherere Brennereyen sind: so will ich sie her bekannt machen. Bey ihrem Gebrauch wird man finden, dass sie alles das leisten, was man von guten Hefen erwartet und fordert, und doch wohlfeil und leicht zu haben sind. Bedarf es mehr zu ihrer Empfehlung?

§. 4.

Die Gährungsmittel, die ich hier empfehle, bestehen in folgenden:

A) Angenomen, dass die Büdde, die angestellt werden soll, das Gut von 660 Pfund Cöllnisch, oder 16 ½ Himpten*) Calenbergische Maasse Getraide enthält, und am folgenden Tage, Morgen um 8 Uhr angestellt, oder mit Hefe vermischt werden muss. Alsdenn werden des Abends um 5 oder 6 Uhr, ein und ein halbes bis zwey Pfund Weizenmehl (*), mit kaltem Wasser zu einem dicklichen Breye angerührt.

*) Die Himpten zu 40 Pfund gerechnet. In guten Jahren pflegt er 46 Pfund zu wiegen.

(*) Man kann statt des Weizenmehles, auch Mehl von *Weizen* oder *Gerstenluft-Malze* nehmen, und man wird noch bessere Hefen erhalten; auch kann man etwa 1 bis 2 Loth Pottasche zusetzen. Dies ist aber nicht immer, sondern nur dann erforderlich, wenn die Luft kalt und die Mischung nicht gut gähren will.)

Diesen Brey verdünnt man darauf mit fast kochend heißem Wasser (180° nach Fahrh. warm), so weit, dass er die Dicke guter Ober- oder Spundhefen hat. Man lasse ihn nun erkalten, bis man die Hand hineinstecken kann, ohne sie zu verbrennen (74° bis 85° nach Fahrh.) Dann mische man das erstemal, ein bis zwey Maass gute Bierhefen, in der Folge aber, eben so viell von diesen kpnstlichen Hefen hinzu. Man rühre nun, Brey und Hefen sorgfältig untereinander und erhalte die Mischung etwa in der Nähe des Blasenofens, in einer Wärme, die nicht unter 65° und nicht über 85° des Fahrenheitschen Wärmemessers gehen darf. Die Mischung wird sehr bald in Gährung kommen, und in demselben Augenblick den höchsten Punkt erreichen, das das eingebrachte und verkühlte Gut gestellt werden muss. Ist die Gährung der Mischung aus Mehl, Wasser und Gest gehörig im Gange, und das Gut (die Maische, Mischung) so weit verkühlt, dass es gestellt werden kann; so wird der künstliche Gest hinzugegeben und in allem so mit dem Brannteweingute verfahren, als habe man gewöhnliche Bierhefen zum Stellen derselben genommen.

[Die vollständige Schrift ist digitalisiert unter „Westrumb Wikisource" zu finden.]

WESTRUMB zum Thema Bleichen und der Besuch der Fürstin Juliane zu Schaumburg-Lippe in seinem Apothekenlaboratorium zu Hameln im Hochzeitshaus

(zugleich ein Plädoyer für die angewandte Chemie)

Im Jahre 1800 veröffntlichte Westrumb in seinen „Kleinen Physicalisch-chemischen Abhandlungen" (6. Band, 1. Heft) bei den Gebrüdern Hahn in Hannover seine
Bemerkungen und Vorschläge für Bleicher.

Er widmete seine Abhandlung der verwitweten Fürstin Juliane Wilhelminse Louise zu Schaumburg-Lippe, Vormünderin und Landes-Regentin, geborene Landgräfin zu Hessen (s. Kap. „Bad Eilsen...")
Aus dem Text der Widmung erfahren wir auch, dass die Fürstin in Hameln in Westrumbs Laboratorium zu Besuch war und dessen Versuchen beigewohnt hat.

„Durchlauchtige Fürstin,
Gnädige Fürstin und Frau!
Die kleine Schrift, die ich Ew. Hochfürstlichen Durchlaucht zu überreichen mir erlaube, ist eine Folge derjenigen chemischen Versuche und Arbeiten, die Höchstdieselben vor mehreren Jahren bey mir anzusehen die Gnade hatten.

Ew. Hochfürstliche Durchlaucht geruheten damals meine noch im Werden seyende Bleichkunst mit Höchstdero Aufmerksamkeit zu beehren und vertraueten mit gleich anfangs das feinste Gespinnste und Gewebe zum Bleichen an. Dies huldvolle Zutrauen zu meiner Kunst erfüllte mich mit Verehrung und Dank; es war, bey allen Hindernissen, die sich mit in den Weg stellten, mir stets gegenwärtig und spornte mich zu neuer Thätigkeit, neuen Versuchen und zu Ueberwindung aller Schwierigkeiten an.

Die Mühe, die ich mir mit diesem Theile der Gewerbe gegeben habe, ist nicht ohne Folge geblieben; ich in der Kunst zu Büken und zu Bleichen sehr vorgerückt und wage es Höchstdenenselben hier einen Theil meiner Erfahrungen über die beste und vortheilafteste Methode zu Büken und über das Bleichen mit Säuren vorzulegen. Geruhen Ew. Hochfürstliche Durchlaucht gnädigst meine Arbeit, als einen Beweis meiner innigsten Verehrung anzunehmen.

Glücklich werde ich mich schätzen, wann Ew. Hochfürstliche Durchlaucht mein Bestreben, etwas zur Veredlung eines so allgemein verbreiteten, so nützlichen und nöthigen Gewerbes, wie das Bleichen ist, beyzutragen, Höchstdero Aufmerksamkeit nicht unwürdig finden sollten, und mir die Fortdauer Höchst Ihrer mir über alles schätzbaren Gnade fernerweit angedeihen lassen werden.

In der schuldigsten Ehrvurcht verharre ich,
Durchlauchtige Fürstin,
Gnädige Fürstin und Frau,
Ew. Durchlaucht
Hameln, den 10ten Jul. 1799.   J. F. Westrumb.

Vorrede.

────

Nicht wenige Künste und bürgerliche Gewerbe sind mit der Wissenschaft, der ich meine meisten Nebenstunden widme, der Chemie, sehr nah verwandt; ja sie sind genau genommen, ein Theil dieser Wissenschaft, als technisch-ökonomische Chemie, oder auch nur als ausübende Kunst betrachtet. Nun hat die Chemie zwar in neuern Zeiten sehr große Fortschritte gemacht und nützliche Entdeckungen auf nützliche Entdeckungen gehäuft, aber nicht so alle Künste und Gewerbe, die Theile dieser wissenschaftlichen Kunst sind und von jenen Entdeckungen der Chemiker Nutzen ziehen könnten und würden, wann hier nur nicht so viele Hindernisse sich in den Weg stellten; und wann beyde Theile, – die Cultoren der Scheidekunst und diejenigen die Gewerbe und Künste treiben, – sich einander freundschaftlich die Hände bieten wollen. Jene um zu belehren und ihre Erfahrungen und Entdeckungen auf Künste und Gewerbe anwendbar zu machen, diese um den Chemiker zu hören. Seinen Vorschlag anzunehmen, und seine Erfahrungen zu benutzen. So ist es nun aber nicht und leider sind beyde Theile Schuld daran, daß es nicht ist*).

*) Die Materie, die ich hier und in der Folge nur kurz berühre, verdient die Beherzigung aller, die auf ihre Mitbürger wirken, Künsten und Gewerben nützlich werden, und die oft umständlichen, mühseligen und kostspieligen Wege, die der Arbeiter geht und nach Herkommen gehen muß, erleichtern, abkürzen und das Geschäft selbst minder kostbar machen wollen. Sie verdient auch einer weit umständlicheren Ausführung, als ich hier zu geben im Stande bin und habe ich jetzt nur aufmerksam auf diesen Gegenstand machen wollen; andere und

ansichtsvollere Männer, mögen das nun ausführen, worauf ich hier nur hinweisen konnte. Sollte ich selbst den Faden noch einmal ergreifen und wieder anknüpfen, so wird dies nur dann geschehen, wann ich mich im Stande befinde, gründlicher und mit größerer Umhersicht von dieser Materie zu reden, wie mir es jetzt möglich ist.

Der Chemiker versteigt sich zu gern in die höhern Regionen der Speculation und Hypothese, benutzt für diese nur zu oft und fast allein seine wichtigsten Entdeckungen und Bemerkungen, und legt sie in Schriften nieder, die der Künstler nicht lieset, nicht lesen kann. Dabey streitet man um Worte und Namen, und hüllt ihnen zu Liebe die wahren, sichern, für Künste und Gewerbe nützlichen Entdeckungen und Erfahrungen, in eine Kunstsprache ein, die der Gewerbetreibende nicht versteht, nicht verstehen lernen wird, da jede neue Hypothese neue Namen für die bekanntesten Sachen erzeugt. Tritt nun aber auch ein Mann auf, der sich von Speculation und Hypothese gleichweit entfernt hält, der seine Erfahrungen in der bekanntesten Kunstsprache vorträgt, seine Vorschläge zu Verbesserung der Künste und Gewerbe deutlich, bestimmt und sachlich darstellt, so findet er doch nur bey Wenigen Eingang; im Gegentheil stehet ihm hier ein gewisses Vorurtheil der Gewerbetreibenden Welt, und dort die Liebe zum Herkommen überall im Wege und hindern das Gute, das man so gern befördern mögte, die Verbesserungen, die man allein zum Zweck seiner Bemühungen hatte.

Jenes Vorurtheil unserer Gewerbetreibenden Mitbürger ist der allgemein herrschende Gedanke; man hält dafür, der Schriftsteller sitze stets am Schreibtische, rede blos aus Büchern, nach Büchern und habe, da er die Sachen nur theoretisch verstehe, dies aus Büchern geschöpft, nie, oder doch nur in äusserst seltenen Fällen, seine Vorschläge aus eignen Versuchen und Erfahrungen abgezogen.

Das Vorurtheil, das ich nur zu oft und selbst bey Personen gefunden habe, denen es anderweitigen Einsichten und soliden Kenntnissen nicht fehlt, die zugleich Neigung zu Veredlung und Verbesserung ihres Gewerbes besitzen, ist dem Einfluß, den die Chemie haben könnte, auf Künste und Gewerbe haben sollte, sehr hinderlich, hinderlicher, wie man vielleicht glaubt, ja noch hinderlicher als die Liebe zum alten Herkommen.

Trauriger Weise sind die Schriftsteller, die den gewerbe-treibenden Mitbürger belehren wollen, an diesem Vorurtheile nicht ganz unschuldig; wie mancher schreibt nicht ein Buch über Gegenstände, die er würklich nur aus Schriften kennt, giebt Vorschläge, die bey der Ausführung scheitern müssen. Weil sie sich auf Muthmassungen gründen, und nicht von reiner selbsteigener Erfahrung abstrahirt sind; – und macht dadurch die gewerbetreibenden Personen gegen jeden andern Vorschlag, den sie in Schriften finden, sey es auch der erprobteste, mistrauisch.

Es scheitern indes auch die erprobtesten Vorschläge, wenn sie nemlich nicht deutlich genug beschrieben worden, oder wann ihre Ausführung Personen anvertrauet werden muß, denen es an Vorkenntnissen, an Bekanntschaft mit allen zum glücklichen Erfolge erforderlichen Handgriffen und den nöthigen Hülfsmitteln fehlt. Hieran sind die Schriftsteller nur zum Theil und dadurch Schuld, daß sie sich nicht verständlich genug ausdrücken, oder in einer, die gewerbetreibenden Classe, unbekannten Kunstsprache reden, un weil sie überhaupt bisher äusserst selten, Vorschläge, die aus dem Gebiete der Chemie geschöpft sind, und zu Verbesserung der Gewerbe dienen sollen, so deutlich, bestimmt, umständlich, kurz so populair vorzutragen, sich bemühten, daß sie Jedermann verstehen konnte. Erfüllen sie diese Obliegenheiten, und der gewerbetreibende Mitbürger kann ihrem Vortrage demohngeachtet nicht folgen, ihn nicht benutzen, so ist das nicht ihre Schuld, sondern traurige Folge des Unterrichts, den jener, in den frühern Perioden seines Lebens, genossen hatte.

So sollte es nun überhaupt nicht seyn. und muß ferner nicht so seyn, wenn alle Staatsbürger, treiben sie auch die heterogensten Geschäfte, als Glieder e i n e r Kette in einander greifen und ein Glied das Andere, Mehrere, Vielen forthelfen sollen – und forthelfen wollen.

Der Chemiker also, der mit seinen Einsichten, seinen Erfahrungen auf Künste wirken, mit seinen Entdeckungen den Gewerben Nutzen schaffen will, verlasse den Weg der höhern Speculation, er lege die Sucht nach neuen Hypothesen ab; – das große Ganze hat von dem Allen keinen Nutzen. Er benutze im Gegentheil seine Entdeckung nicht mehr zu Begründung und Vertheidigung neuer Erklärungen alter Dinge, – die doch alle kaum längere Dauer erfahren können und werden, wie ihre Vorgängerinnen, da alles unter dem Monde den stetem Wandel unterworfen ist – – sondern zu wahrhafter Veredlung der Künste und zur Verbesserung der Gewerbe, zur erleichternden Erzeugung der erforderlichen Nothwendigkeiten für alle. Er wird denn wahrhaftig nützlich werden und mehr wahren, bleibenden, aufs große Ganze wirkenden Nutzen schaffen, als wie er dadurch schafft, daß er sich etwa deshalb mit andern zankt, ob Kali kaustisch werde, weil es blos Luftsäure absetzt? oder ob es nur darum kaustisch werde, weil es, neben Absetzung der Luftsäure, Wärmestoff aufnehme? ob Salzsäure deshalb geschärfter werde und sey. kräftiger auf zu bleichende Materien wirke, weil sie sich mit einem Stoffe verbunden habe, der den Farbestoff gewissermaßen verbrenne? oder ob sie an den Braunstein, über die man sie abzog, etwas abgesetzt habe, das sie den zu bleichenden Substanzen nun wieder entzieht?

Will er zugleich als Schriftsteller auf die Künste, und die gewerbetreibende Classe seiner Mitbürger wirken, so schreibe er wahr, deutlich, bestimmt, in einer Jedermann verständlichen Kunstsprache, und ohne eben zu umständlich zu seyn, so genau, daß auch der Ungebildetste seinen Vortrag verstehen, der Unerfahrenste seine Vorschläge benutzen, und nacharbeiten kann. Versäumt er dies, so hat er es sich selbst beyzumessen, wenn der erfahrne, practische Arbeiter sein Buch mit Unwillen aus der Hand legt, und seinem Nachbarn zuruft – auch das ist theoretischer Schriftstellerschnickschnack. – Ein Ausdruck, den ich sehr oft aus dem Munde der Künstler und Gewerbetreibenden Personen gehört habe, und gegen den ich nichts Begründetes einwenden konnte, weil sie ihn immer mit Beyspielen belegten.

Der Schriftsteller also, der auf das große Ganze wirken will, schreibe nichts als Wahrheit, nichts, als was eigene und reine Erfahrung ihm lehrte. Er schreibe nicht um zu schreiben, nicht um Ehre, nicht um Sold; sondern um wahrhaftig zu nutzen.

Er mache dabey, das, was er erprobte und als brauchbar empfehlen kann, nicht federleicht, – ein Fehler, den auch viele begehen – sondern er gestehe aufrichtig und ohne Hehl, jede und alle Schwierigkeiten, die sich bey der Ausführung seiner Vorschläge ergeben könnten. Ja, er verschweige, damit er recht nützlich werde, nicht einen Handgriff, nicht eine Vorsichtigkeitsregel, die, vereinigt, zum sichern Erfolg führen. Dann wird er Gutes stiften; dann wird man ihn gern hören; dann seine Vorschläge willig befolgen; und dann werden die Vorurtheile, – der Schriftsteller schreibe nur um zu schreiben, urtheile wie der Blinde von der Farbe, wolle die Bogen nur füllen, – verschwinden, und der Gewerbetreibende wird, findet er die Vorschläge gerathen, gut und leicht ausführbar, nicht ferner einwerfen; „was kann man in den Schriften der Theoretiker Gutes finden?" Sollten hiedurch nicht Künste und Gewerbe gewinnen?

Freylich, aber jedes Hinderniß ist noch lange nicht gehoben: denn nun stehet, dem wahrheitredenden Schriftsteller, noch immer die Liebe der Künstler zum Alten und zum Herkommen im Wege. – Diese Eigenheit unserer arbeitenden Mitbürger kann überwunden werden. – Indes nicht durch Männer aus unserer Mitte; sondern durch Männer aus dem Stande selbst, dem wir Nutzen bringen, Gutes und Verbesserungen für ihn und sein Geschäft schaffen wollen. Durch solche Männer nemlich, die unsere Vorschläge befolgen und sich wohl dabey stehen.

Es ist eine sehr bekannte Sache, daß die gewerbetreibende Classe unserer Mitbürger, die Liebe zum Alten und zum Herkommen gern aufgiebt, wann sie siehet, daß ihr Nachbar, ihr Kunstverwandter, bey Befolgung neuer Methoden Vortheile hat;

sie befolgen dann diese Methoden, des größern und leichtern Gewinnes willen, gleichfalls gern und geben eben so gern die alten und hergebrachten auf.

Gewerbetreibende Personen, die Bücher lesen, und das Zweckmäßige in denselben benutzen, sollten billig diejenigen Verbesserungen ihrer Gewerbe, die sie bey Schriftstellern finden, als wahr, gut und anwendbar erprobt haben, allgemein und zwar sowohl mündlich, als schriftlich ihren Kunstverwandten mittheilen und als gut empfehlen. Sie brauchen deshalb nicht gerade Schriftsteller zu werden, auch würde dies nichts nützen, da der größte Theil der gewerbetreibenden Classen, wie ich schon angeführt habe, keine Bücher lieset; sondern sie legen die wahren und von ihnen gut gefundenen Verbesserungen ihre Gewerbes, da nieder, wo sie Jedermann zur Hand gehen, – in allgemein gelesene Tageblätter, Zeitungen und in das Lesebuch des großen Haufens, den Calender. Im Calender stehet das alles am rechten Orte, er würde den größeszen Nutzen bringen, wann er statt der Zeitverkürzenden Historien und anderer Sachen, die er enthält, erprobte Verbesserungen der Gewerbe und Künste, kurz, deutlich und bestimmt bekannt machte.

Der große Haufe, der das ungemessenste Zutrauen zu den Worten dieses Buches hat, wird den hier niedergelegten Vorschlägen Glauben geben und sie willig benutzen.

Damit der Calender und die andern Volskblätter, des Zutrauens indes nicht verlustig gehen, dessen sie sich erfreuen können; so müssen ihre Herausgeber nicht blos aus Büchern schöpfen, sondern wann sie wahrhaft Gutes stiften wollen, die

Künstler und Gewerbetreibenden fragen und selbst reden hören. Sie werden hier manches längst ausgübt, auf dem freylich langsamen Wege selbsteigener Erfahrung aufgefunden finden, was ihnen in Büchern unerwartet aufstieß und neu schien. Und ein einziger Mißgrif, wozu irgend ein hier benutztes Buch, – trage der Vorschlag auch noch so sehr das Gepräge der erprobtesten Wahrheiten der Stirn – Veranlassung giebt, wird die Leser der Volksblätter mistrauisch machen, sollten sie auch aus der Hand des erfahrendsten Künstlers kommen. Will man also auf diesem Wege auf das Ganz wirken, so nehme man nichts auf, was man nicht erst durch geschickte Männer in ihrem Fache hat prüfen lassen.

Wo finden sich dann solche Männer, und wie bildet man sie, wann sie fehlen sollten? Sehr selten giebt es Männer unter den Gewerbetreibenden, die ihrem Fache g a n z gewachsen wären; aber sie sind doch da, und wo sie nicht sind, da ist es nicht ihre Schuld, sondern die Schuld derer, die sie für das geschäftige bürgerliche Leben bilden sollten. In den Schulen, wo wir den ersten Unterricht geniessen, liegt der Grund davon, daß so mancher gute Kopf nicht das ist, und in seinem Fache wird, was er seyn könnte, und daß so viele, das werden, was sie nicht seyn sollten. Hier, sollte der erste Grund für unsere künftige Bestimmung gelegt werden, und gerade hier lehrt man uns Sachen, quält uns mit Dingen, die wir vergessen müssen, weil sie für uns und bey unsern eigentlichen Berufsarbeiten von gar keinem Nutzen sind. Seegen und Glück ist dem Lande und seinen Bewohnern bereitet, dessen Obern dies einsehen, und die den Bürgerstand früh zu dem bilden lassen, was er seyn soll. – Wer Künstler und Fabrikant werden muß, denr sollte man ja schon früh Technologie und technologische Chemie lehren, statt daß man ihn, auf unseren Schulen, mit dem Auswendiglernen lateinischer und griechischer Vocabeln, lateinischer und griechischer Declinationen und Cojugationen und anderer für ihn ganz unbrauchbarer Sachn quält, und die zeit bis zum Austritt aus der Schule vertrödeln läßt. – Hoffentlich wird es hierin nu auch bald besser werden, möge doch jeder an seiner Seite soviel dazu beytragen, als er kanne; ich für mein Theil verließ schon lange den Weg der Speculation und widme meine Zeit, meine Kräfte und meine Arbeiten ganz dem Zweck, wozu ich uns alle berufen zu seyn glaube. Ein neues Beyspiel meiner Bemühungen ist die folgende Schrift, der ich recht sehr viele Leser und überall Eingang und Zutrauen wünsche; an mir liegt es nicht, wann sie beydes nicht findet.

––––––––

Die folgende Schrift, die vom Büken der leinenen, hanfenenen und baumwollenen Gespinnste und Gewebe handelt, und das Bleichen derselben mit und ohen Säuren beschreibt, ist auch nach den Principien abgefaßt, nach der jede, für die gewerbetreibende Classe unserer Mitbürger bestimmte Schrift abgefaßt seyn sollte. Sie ist nemlich kurz, deutlich, bestimmt und wahr, und doch sind meine Vorschläge umständlich und so vorgetragen, daß sie Jedermann nacharbeiten kann und mit Nutzen nacharbeiten wird, wann er sich nur pünctlich an meinen Vortrag hält und nach demselben richtet. Schriften, welche die Verbesserung der Gewerbe zum Zweck haben, sollten, wie ich glaube, so abgefaßt seyn. Ich habe diese Art des Vortrages schon bey andern Schriften und, wie ich glaube, nicht ohne Nutzen angewandt.

In dieser Schrift redet also nicht der Theoretiker, nicht der Schriftsteller, der aus den Schriften Anderer schöpfte und der das Brauchbare, was er hier zu finden glaubte, nur nebeneinander stellte, ohne sich darum zu kümmern, ob es auch wahr, gut und anwendbar sey. Nein! hier redet eigene, treue und erprobte Erfahrung.

Ich habe mich nemlich seit 10 Jahren mit dem Büken und Bleichen beschäftiget. In den ersten zwey bis drey Jahren war ich unaufhörlich, bey Tage sowohl, wie bey der Nacht, bey allen Arbeiten gegenwärtig, legte überall selbst Hand mit an, versah ncht blos die Geschäfte eines Bükknechtes, sondern auch die Arbeiten einer Wasch- und Bleichfrau. Ich opferte meine Gesundheit zwar auf, hatte aber den Vortheil, daß ich die ausgebreiteste Erfahrung in allen hieher gehörenden Geschäften erlangte: ein Vortheil, der zwar sehr theuer erkauft ist; den ich aber nicht anders, als durch Aufopferungen meiner Selbst, meiner Zeit und meines Vermögens in dem Maaße zu erhalten im Stande war, wie er mir jetzt eigen ist. Mein Fleiß soll, wie ich sicher hoffe, nun Andern, durch diese Schrift den Nutzen gewähren, den ich bisher vergeblich für mich von ihm erwartete.

Nach der Zeit habe ich mehrere Bleichereyen hier im Lande, bey Hildesheim, im Lippischen und in andern Ländern besucht, und mir da Erfahrungen und Kenntnisse über die Ausübung dieses Geschäfts im Großen erworben. Dann habe ich einige Männer in der Kunst zu Büken und zu Bleichen unterwiesen; habe meine Erfahrungen, über die beste Methode zu büken, mehrern Bleichern und Bleichfabrikanten mitgetheilt, habe selbst eine sogenannte chemische- oder Säurebleiche errichten helfen, und stehe noch jetzt mit vielen Personen, die dieses Geschäft practisch treiben, in steter Correspondenz. Da ich nun zugleich öftere Gelegenheit gehabt habe, mich mit solchen Männern schriftlich und mündlich zu unterhalten, die große Bleichanstalten in Irland, Schottland, Frankreiche, Dännemark, den Niederlanden und Rußland gesehen, und bey erfahrnen Meistern – z. B. v. Born in Wien [Ignaz von Born (1742-1791), Mineraloge; ersetzte um 1786 die Rasenbleiche durch ein Schnellbleichverfahren mit Chlor]– das Bleichen mit salzigter Säure practisch erlernt hatten; so enthält dies Buch, nebst meinen eigenen Erfahrungen und Beobachtungen, für deren Richtigkeit und Wahrheit ich stehe, die Summe alles dessen, was ich auf jenem Wege erlernte, du für dessen Güte und Brauchbarkeit ich mich gleichfalls, nach sorgfältiger Prüfung zu verbürgen wage.

Meine Schrift enthält indes noch lange nicht alles, was sich über die hier abgehandelten Gegenstände sagen lässet. Ich lege hier nemlich dem Publicum nur zwey Abschnitte, bereichert mit meinen neuesen Erfahrungen, aus denjenigen Berichten, Gutachten und Abhandlunge vor, die ich dem K ö n i g l i c h e n C o m m e r z - C o l l e g i o z u H a n n o v e r, über die von H ö c h s t d e m s e l b e n mir aufgetragenen Untersuchungen, über das Bleichen mit salzigter Säure, von Zeit zu Zeit überreicht habe. Diese Berichte sind viel umständlicher, sie handeln ausser der besten Methode zu büken und der Zeuggutemachung der Büklaugen, das Bleichen mit Säuren genau ab. Beschreiben das Verfahren, die erforderlichen Gebäude, Geräthe, Utensilien, die sie durch Zeichnungen versinnlichen, geben von allen Erfordernissen Nachricht, und erstrecken sich zugleich über den Flachsbau, das Rösten des Flachses; – sie beschreiben das in andern Gegenden und Ländern übliche Bleichverfahren u. s. f. – kurz sie erstrecken sich über alles dasjenige, was bey unserer Angelegenheit nur in Frage kommen kann.

Ich übergebe diese Berichte, vermehrt und verbessert, durch die neuern Versuche und Erfahrungen, die mir Zeit und Umstände zu machen erlaubten, dem Publico vielleicht einmahl ganz. Hier habe ich blos den Abschnitt, über die beste und wohlfeilste, und eben daher nützlichste Bükmethode ausgehoben, das Bleichen mit Säure betreffend, abdrucken lassen. Ich hätte diesen Abschnitt gern ganz gegeben, da er aber sehr umständlich ist, mehrere Kupfer und Tabellen erfordert, die das Buch recht sehr vertheuren würden; überhaupt aber auch vieles von dem, was ich hier sagen würde, schon bey Andern zu finden ist; so verspare ich dies, bis ich mit Ueberzeugungweiß, man gebe meinen Erfahrungen Zutrauen, finde meine Vorschläge gut, anwendbar, nützlich, und wünsche über die andern Gegenstände meine Nachrichten gleichfalls zu hören.

Die erste Abhandlung, die das Büken, betrift, ist umständlich, und berührt jeden hier in Frage kommenden Gegenstand. Ich halte mich für überzeugt, daß das Büken die Hauptsache beim Bleichen ist, und daß die Methode zu bleichen, die in in diesem ersten Aufsatze beschreibe, sich für das nördliche Deutschland am besten schickt. Durch sie lassen sich die gröbsten Gespinnste und Gewebe, die bey uns hauptsächlich vorfallen, so wie die feinsten sehr gut, leicht, schnell und wohlfeil bleichen.

Diese Abhandlung lehrt zugleich eine zweckmäßige und vortheilhafte Benutzung der schon gebrauchten Büklaugen kennen, und wird, hält man meine Vorschläge der Befolgung werth, der ungeheuren Vergeudung der Kalien Schranken setzen, die auf unsern und allen andern Bleichereyen, vorzüglich aber bey großen Anstalten der Art, statt findet und so lange statt finden wird, bis man meine Methode zu büken befolgt.

Man wird, in diesen so wie in dem zweiten Aufsatze, hie und da Wiederholungen finden, und mir diese vielleicht zur Last legen. Diese Wiederholungen waren nöthig, wann ich für das Publicum, dem ich diese Schrift widme, deutlich, verständlich und bestimmt schreiben wollte.

Dieser erste Aufsatz enthält gleichfalls mehrere Stellen und vielleicht einen ganzen Abschnitt, – die Anleitung nemlich zu Untersuchung des Wassers und der Aschen-Arten – von denen man sagen wird, daß sie nicht eigentlich für den gewerbetreibenden Leser gehören. Diese stehen aber nicht für ihn hier, sondern sind dem bestimmt, der Gebrauch davon machen kann; wer das nicht kann, der mag sie überschlagen. Sie würden hier nicht stehen, wann ich nicht von Personen die große Bleichanstalten besitzen, aufgefordert worden wäre, solche Anleitungen zu entwerfen und ihnen mitzutheilen. Bisher ist das schriftlich geschehen, hier lasse ich das alles nun abdrucken, um des öftern Abschreibens überhoben zu seyn.

Die Umständlichkeit, mit der ich überhaupt von der Asche, Potasche und den verschiedenen Arten derselben rede, die bey den Gewerben gebraucht werden und im Handel vorkommen, mach man mir nicht zum Vorwurf: es stehet hoffentlich auch das alles hier am rechten Orte. Es ist zum Erstaunen, wie groß die

Unbekanntschaft der gewerbetreibenden und handelnden Personen, selbst an den größten Handelsorten mit dieser Sache ist; und wie ausserordentlich mancher dadurch verliert und verlohren hat, daß er die hier vorgetragenen Nachrichten nicht besaß.

Die zweite Abhandlung, das Bleichen mit der über Braunstein abgezogenen salzigten Säure, oder, wie man sie sonst nennt, ü b e r s a u r e n S a l z s ä u r e, betreffend, ist kurz und berührt nur das Allgemeine dieser Methode, so wie die Hauptsachen, die hier in Frage stehen. Ich halte mich für überzeugt, daß diese Methode zu bleichen nur für dijenigen Länder, ihre Manufakturen, und Fabricanten paßlich ist, die baumwollene Waaren und sehr feine und klare leinene und hanfene Gespinste und Gewebe zu bleichen haben. Grobe Waaren, sey es Baumwolle, Flachs, Hanf, Werk, lassen sich auf diese Weise nicht gut, oder nicht ohne sehr große Mühe und beträchtliche Kosten bleichen. Man kann zwar die gröbsten Gespinnste und Gewebe mit salzigter Säure gut und weiß bleichen, aber die Kosten, die dieses Geschäft verursacht, übertreffen den Werth der Waaren weit und so sehr, daß kein Bleicher Nutzen von seinem Gewerbe haben würde.

Ferner stehen diesem Bleichverfahren die Gefahren, denen die Arbeiter ausgesetzt sind, die künstlichen Geräthe, die vielfachen Manipulationen und das im Wege, daß man zu ihrer Ausübgung, zu Benutzung und Zugutemachung der Abfälle, die bey ihr vorkommen, einen mit der Chemie vertrauten Arbeiter und ein großes, eigentlich chemisches Laboratorium bedarf. Das alles fällt bey der andern Bleichmethode weg; dies lässet sich viel leichter und von Jedermann ohne große Kunst und Kenntnisse ausüben.

Man wird in dieser Schrift manches lesen, was man vielleicht in mehreren andern Schriften gelesen zu haben sich erinnert und mich daher wohl gar der Compilation beschuldigen, ich bin aber nichst weniger wie Compilator; sondern ich gebe reine, wahre und eigene Erfahrung; ich habe das Mehreste selbst entdeckt und aufgefunden, vieles aber von meinen gewerbe- treibenden Freunden geborgt; da ich dies alles nun mit Worten beschreiben muß, so ist es nicht anders, daß man ähnliche Erfahrungen mit eben den Worten schon anderwärts beschrieben finden kann. ja ich mögte wohl behaupten, daß mein Aufsatz über die Büke, den ich so Manchem freundschaftlich mitgetheilt habe, so wie meine Anhandlung über das Bleichen mit Säuren, schon von Andern genutzt worden sey, ohne mich zu nennen. Ich fanf wenigstens manche daraus geborgte Stelle, an orten wo ich sie nicht erwartete.

Deutschen Druck gab ich dieser Schrift, die eigentlich als Fortsetzung meiner chemischen Abhandlungen angesehen werden kann, deshalb, damit sie leichter in die Hände derjenigen Personen kommen möge, denen sie bestimmt ist; eine Sache die nicht geschehen würde, wann man sie mit lateinischen Lettern hätte setzen lassen.

Hameln im Junius 1799.

J. F. Westrumb

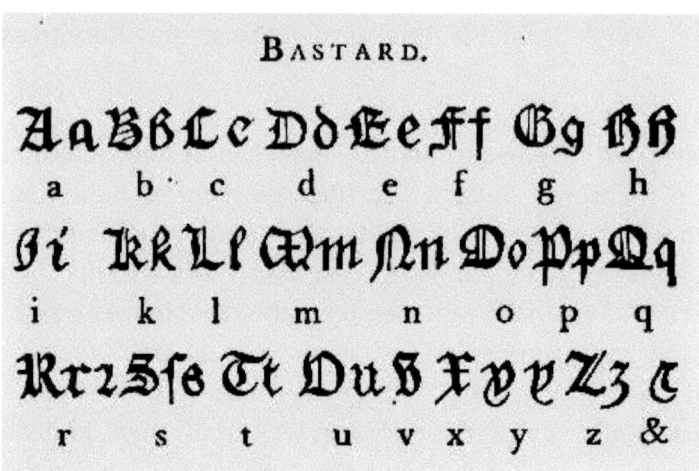

BASTARD.

"Lateinische Drucktypen" – auch *Bastard* genannt, gebrochene Schrift, darunter die in der Schrift von Westrumb verwandten, von ihm als "deutsche Schrift" bezeichnet:
Zum Vergleich

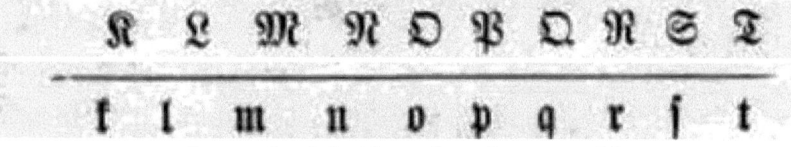

Deutsche Schriftzeichen (im Druck)

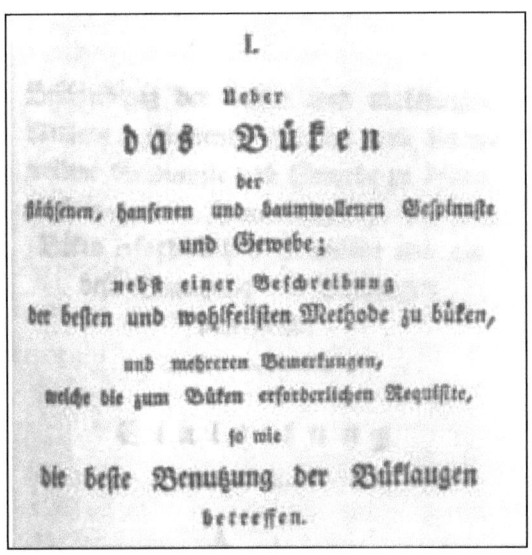

Beginn des Hauptteils von WESTRUMBs Schrift

Einleitung

---

§. 1

Meinen gefällig Lesern wird es, aus meinen früheren Schriften, noch erinnerlich seyn, daß ich mich, auf Verlangen des königlichen Commerz-Collegii zu Hannover, verschiedene Jahre – 1789-1792 – und zwar anfangs zu einer Zeit, mit dem Bleichen durch dijenige Salzsäure, die durch Abziehen über Braunstein erhalten werden kann, habe beschäftigen müssen, da die Bertolletsche Bleichmethode [Chlorkalkbleiche], noch nicht eigentlich durch den Druck bekannt gemacht worden. Ich entdeckte diese Methode zu bleichen, mit Scheele's und Galli s c h Erfahrungen nur ausgerüstet, so gut von Neuem, als habe sie noch nicht existirt.

Bey dieser Gelegenheit machte ich mehrere Erfahrungen und Beobachtungen, die für das Publicum und für den Bleicher von Profession von einigem Nutzen seyn können. Schon habe ich einen Theil derselben, der die beste und wohlfeilste Methode des Bükgeschäfts betrift, im Jahre 1795, der Königlich-Preußischen Märkischen ökonomischen Societät, deren Mitglied zu seyn ich die Ehre habe, zur Prüfung und Bekanntmachung vorgelegt; auch sie mehreren Personen und Fabrikanten handschriftlich mitgetheilt. Da dieser der gedachten Societät vorgelegte Aufsatz aber nicht im Druck erschienen ist, und ich seit der Zeit Gelegenheit gehabt habe, mehrere Versuche im Großen anzustellen und verschiedenen diesen Gegenstand betreffende Erfahrungen, Beobachtungen und Nachrichten zu sammeln, welche für das Bükgeschäft, und die Verbesserung desselben bey großen Leinen- und Baumwoll-Bleichereyen von Wichtigkeit sind; so will ich diese, aus dem gesammelten Vorrath von Materialien, die vielleicht einmal ganz im Druck erscheinen werden, hier vorerst ausheben und zusammenstellen. Ich hoffe durch diesen Aufsatz, Jedem, dem die Verbesserung eines nicht unwichtigen Zweiges des vaterländische Fabrik- und Manufactur-Wesens am Herzen liegt, und der bisher so allgemeinen Vergeudung des Pflanzenkali vorzubeugen.

§. 2.

Die Methode zu büken, die ich im Folgenden beschreiben werde, ist die beste, leicht ausführbar und wohlfeil, und macht die Waaren, die man auf diese Art bükt, sehr geschwinde weiß. Sie wird zwar mit Hülfe des ungelöschten Kalks – B e i t z k a l k – beschafft, gegen den man allgemeine und gesetzliche Gebote seines Nichtgebrauchs zum Büken hat. Aber diese Abneigung gründet sich tehils auf Vorurtheil, und die die Verbote auf solche Versuche, bey denen man den Beitzkalk unmittelbar an die zu bükenden Waaren brachte, wo er denselben dann freylich unausbleiblichen Schaden zufügt.

§. 3.

Diese ist bey meiner Methode aber keineswegs der Fall, und nie brachte sie mit oder dem Leinen- Hanf- und Baumwollen-Bleichereien, die sich ihrer auf meinen Rath bedienten, den mindesten Schaden. Dazu kommt noch, was diese Methode ausserordentlich empfiehlt, daß sie e r s t l i c h das eigentliche Bleichgeschäft ausnehmend erleichtert und abkürzt: z w e i t e n s, daß nichts bey ihr verlohren gehet, sondern daß die Büklaugen mehrfach benutzt werden, und daß man, wenn man nur erst einige Uebung und Erfahrung erlangt hat, mit ein und derselben Büklauge sechs, acht, je mehreremale büken kann, ja den Ueberrest nicht ungenützt weggießen darf; sondern ihn zuletzt auf Pottasche benutzen kann.

§. 4

Damit meine Leser hier alles ihnen Nöthige zusammenfinden, so mache ich sie erst mit der Bedeutung des Kunstwortes, B ü k e – B e u c h e, B ü c h e, B y k e – bekannt. Ich beschreibe dann die zum Büken erforderlichen Materialien und Geräthe, so wie die beste Art jene Materialien zu untersuchen; dann lassen ich die Beschreibung meiner Methode zu büken, so wie die verschiedenen Benutzungs-Arten der Büklaugen folgen.

Kenntniß des Bükgeschäftes und eigene Uebung müssen hier hinzuthun, weglassen und abändern, was das Locale einer jeden Bleichanstalt und die schon erworbene Erfahrung heischen.

Erster AbschnItt.
Erklärung der Kunstausdrücke B ü k e n
und B l e i c h e n.

---

§. 5.

Die B a u m w o l l e, der F l a c h s und der H a n f enthalten gewisse Bestandtheile – die der Chemiker unter dem gemeinschaftlichen Namen, F a r b e s t o f f, E x t r a c t i v s t o f f begreift, – die ihnen die, allen diesen Materialien eingenthümlichen, Farben ertheilen, und weggeschafft werden müssen, wenn sie die allgemein beliebte Weiße erhalten, und zu den bekannten Kleidungsstücken und anderweiten Bedürfnissen brauchbar seyn sollen, wozu wir die aus ihnen verfertigten Gespinnste und Gewebe benutzen. Man nennt dieses Geschäft bekanntlich B l e i c h e n.

Das Bleichen besteht also in der Kunst, die Pflanzenfasern der gedachten Materialien des Pflanzenreichs, und die aus ihnen bereiteten Gespinnste und Gewebe zu entfärben, oder von der ihnen eigenthümlichen Farbe zu befreyen, und sie, nach den verschiedenen Benutzungen, die wir mit ihnen vornehmen wollen, minder oder mehr weiß zu machen.

Beschafft wird das Bleichen durch E i n w e i c h e n der Waaren mit Wasser, durch B ü k e n, oder Einweichen und Ausziehen derselben mit heißgemachter Aschen- oder Pottaschen-Lauge, und durch A u s l e g e n und B e s p r e n g e n der eingeweichten, gebükten und ausgewaschenen Waaren, an die Luft und das Sonnenlicht.

Die Rasenbleiche

§. 6.

Durch das Einweichen der Waaren mit Wasser, wird der Schmutz, die Schlichte gewebter Sachen, und der leicht bewegliche Farbestoff weggenommen, überhaupt aber zur Auflösung in den Büklaugen geschickter gemacht.

Durch das B ü k e n, oder Einweichen mit Aschen- oder Pottaschen-Lauge, oder eigentlicher zu reden, mit k a l i s c h e n L a u g e n, wird der Farbestoff zum Theil in diesen Büklaugen aufgelöst, zum Theil aber für die Wirkungen der Luft, des Sonnenlichtes und des Wassers empfänglich gemacht, mit welchem letztern man die auf einem Grasplatz - B l e i c h p l a n – ausgebreiteten Waaren, mehreremale des Tages, oder so oft wie sie trocken sind, zu begiessen pflegt. Das Licht, die Luft und das Wasser schaffen den, von den Büklaugen zurückgelassenen, Farbestoff nun entweder ganz weg, oder sie ändern den rückständig bleibenden so ab, daß er auflöslicher für die folgenden Büklaugen wird.

Das B ü k e n ist demnach nichts anders, als Auflösung und Fortschaffung derjenigen Bestandthele der Pflanzenfaser, in und durch kalische Laugen, die ihr Farbe ertheilen; verbunden mit einer solchen Abänderung jener färbenden Theile, daß sie für die Wirkungen der Luft, des Lichtes und des Wassers empfänglich werden.*)

*) Die Erklärung des Bükens und Bleiches, die ich hier niedergeschrieben habe, hoffe ich, wird Jedermann verstehen, obgleich ich alle chemische Kunstausdrücke vermieden habe. Eine kunstgemäßere Theorie dieser Geschäfte und ihrer Erfolge, möge hier wohl am unrechten Orte stehen, da mein Aufsatz nicht für Chemiker von Profession, sondern für Oeconomen gestimmt ist, für die ich gern verständlich schreiben wollte. Der Chemiker wird sich das Fehlende leicht hinzudenken können.

[Die vollständige Schrift wurde von der Bayerischen Staatsbilbiothek in München digitalisiert – s.u. „Westrumb Wikisource".]

REZENSIONEN (Auwahl) zur Schrift über das BLEICHEN

Aus: „Physikalisch-ökonomische Bibliothek..." von Johann Beckmann (21. Band, XIX, S. 208f; 1802) stammt die ausführlichste Rezension, die zugleich eine Zusammenfassung beinhaltet:

Es ist wahr, was der Verf. in der Vorrede sagt, daß es ein unendlich größeres Verdienst ist, die völlig erwiesenen Wahrheiten und Lehren gründlich zur Verbesserung der Gewerbe anzuwenden, als neue Hypothesen, und, zu deren Empfehlung, neue Namen bekanter Gegenstände zu erdenken. Daß neue Beyspiel welches H. W. giebt, sollte billig alle, welche dazu Gelegenheit und Kräfte haben, zur Nachfolge reitzen. So klein dieses Schrift ist, so trage ich doch kein Bedenken, sie für die beste, welche die Technologie und die angewandte Chemie in Jahre und Tag erhalten hat, zu erklären. Ein Auszug wird mein Urtheil rechtfertigen.

Bleichen heißt Pflanzenfasern oder daraus bereitete Gewebe entfärben. Büken heißt das dazu dienliche Einweichen und Ausziehen mit einer heißen alkalischen Lauge, hernach dann die Waare der Luft und dem Sonnenlichte ausgesetzt wird. Wer also die Arbeit gründlich verstehen will, muß von dieser Lauge richtige vollständige Begriffe haben. Diese hat der V. vortreflich entwickelt. Er hat die Untersuchung des Wassers, auf dessen Beschaffenheit sehr viel ankommt, sehr deutlich gelehrt, ferner das Kalkes, und vornehmlich der Asche und der Potasche. Die Anweisung, die Asche in ihre Bestandtheile zu zerlegen, und besonders ihren kalischen Gehalt zu bestimmen, ist so vollständig und zugleich so deutlich, daß man sie als Muster empfehlen kan. Sie kan auch Anfängern zu einer

Uebung in der Lehre von den Salzen und so genannten Reagenzien dienen. Weil inzwischen jene Untersuchung nur denen möglich ist, welche Fertigkeit in chemischen Arbeiten, und einen guten Vorrath chemischer Bedürfnissen besitzen, ist ist S. 60 eine einfachere, und für die Bleicher hinlängliche Methode angegeben worden. Eine Tabelle giebt den Preis und den kalischen Gehalt der verschiedenen verkäuflichen Arten von Potasche an, und dabey wird den Praktikern begreiflich gemacht, wie sie die vortheilhafteste auswählen können, als welche nicht eben die wohlfeilste ist. Alle Arten haben Kieselerde und Thonerde, auch vitriolisirten Weinstein [= Kaliumsulfat], *und salzsaures Pflanzenkali* [= Kaliumchlorid], *die meisten auch Kohle, bey sich.*

S. 69 von den zum Büken nöthigen Gefässen, und dann S. 81 von der Zubereitung der Lauge; von dem Verhältniß der Theile; von der Menge Lauge zu einer gegebenen Menge Garn und Gewebe. Um zu wissen, ob die Lauge die hinlängliche Menge gebranten Kalks erhalten habe, muß man sie mit klarem Kalkwasser und Potaschenlauge probiren. So lange sie Kalkwasser trübt, muß man ihr mehr Kalk geben; so bald sie aber durch klare Potaschen-Lauge getrübt rid. Muß man ihr Potasche oder Alkali in kleinen Antheilen zusetzen, bis sie nicht mehr durch Potaschen-Lauge getrübt wird, und selbst nicht mehr Kalkwasser trübe macht. Um der feinen Waare die höchste Weisse zu geben, taucht man sie, nach dem Büken, vor der Appretur, in verdünntes Vitriolsaures, gröbere Waare in eine Sauerwasser von Kleyen, oder auch in saure Milch u. s. w.

Es ist ein Vorurthel zu glauben, daß der Kalk schade. Er schadet nur, wenn er die Waare unmittelbahr berührt, und mit der Asche zwischen dieselbe gestreuet wird. Wenn dieses vermieden wird, so schadet die stärkste ätzendste Lauge gar nicht der Waare; dagegen wirkt sie am meisten auf denr Farbestoff. Durch die S. 112 angeführten Versuche hat sich der V. von dieser Wahrheit überzeugt. (Hier hätte ich gewünscht zu wissen, ob und wie viel der Waare überhaupt an Stärke durch Büken und Bleichen verliehre; aber freylich gehörte diese Frage nicht dahin). Nach des V. Erfahrung verliehren flächsene und hanfene Waaren 25 bis 30 Proz. am Gewichte, ehr sie weiß werden.

S. 121 wird einer Maschine gedacht, welche auf einer chemischen Bleiche bey Hildesheim, stat des Klopfens beym Auswaschen der Waare, gebraucht wird. Sie verdiente wohl eine volständige Abbildung. Aber noch viel wichtiger für die Praktiker ist der Abschnitt S. 129, welcher lehrt, wie die schon gebrauchte Büklauge mehr mal gebraucht, und zuletzt noch auf Potasche genutzet werden kan; eine Anweisung, die in unseren holzarmen Zeiten den größten Dank verdient. Aber um nicht die Anzeige einer so kleinen Schrift ungebührlich zu vergrößern, darf ich sie hier nicht einrücken. Aus 1000 Pfund Asche, die zur Lauge gedient hat, erhält man 90 bis 100 Pfund, und von 1000 Pf. Potasche erhält man 800 bis 900 Pf. Potasche wieder. bey sorgfältiger Samlung kan man so gar wohl mehr erhalten, als genommen worden, welches von dem Abgange der Waare, den die Lauge zugleich mit dem Färbestoffe aufgenommen hat, herrühret.

S. 138 folgt noch eine besondere Anweisung den Gehalt der Laugen an alkalischem Salz zu finden; vornehmlich um stat der einzihem sicheren Untersuchugn mit Alaunauflösung, eine andere schlechtere anzugeben. Dazu ist dann auch seine Senkwage oder Spindel vorgeschlagen. Ich übergehe die anderen Vorschläge. Wem aber jene Benutzung der gebrauchten Laugen zu umständlich scheint, der sollte denn doch wenigstens, Holzspähne, Sägespähne, Torf u. d. in den gebrauchten Laugen einweichen, und alsdann diese Dinge zu Torfen fromen, und zur Feuerung brauchen, wodurch nothwendig eine salreiche Asche entstehn müßte.

S. 171 folgen Nachrichten vom Bleichen durch Säuren. Der V. redet aus einer zehnjährigen Erfahrung, welche er mit Aufopferung seiner Gesundheit, vieler Zeit und Mühe, angestellt hat; er urtheilt mit der größten Aufrichtigkeit, zeigt die großen Schwierigkeiten und Gefährlichkeiten für die Gesundheit der Arbeiter und für die Waare, und verhelet die Wahrheit nicht, daß diese Erfindung noch bey weitem nicht zur sichern Anwendung reif sey; obgleich andere solche als sehr leicht geschildet haben.

Wir wissen, sagt er, daß Licht und Luft, oder stat dieser Kräfte, die über Braunstein abgezogene Salzsäure, den durch die alkalischen Lauge nicht aufgelöseten, sonderm nur mobil gemachten Färbestoff wegnehmen, und die Pflanzenfasern minder gefärbt, und endlich ganz entfärbt zurück lassen; aber wie dieß bewürkt wird. das wissen wir nict; obgleich es an Hypothesen nicht fehlt. – So ein Geständniß ist zu jetzigen Zeiten, da man alles zu erklären glaubt, etwas selten. Die Absicht des Verf. ist nicht, hier das ganze Verfahren zu lehren, sondern er macht nur über die vier verschiedenen Methoden, welche bis jetzt erdacht sind,

Anmerkungen, welche jedem, der eine davon versuchen will, sehr nützlich seyn könne. Zuerst ist die Rede vom Gebrauche der mit Wasser allein verbundenen Säure; dann von der so genanten Lauge von Javelle, oder von der mit Gewächskali verbundenen Säure [Eau de Javelle: wässrige Lösung von Kaliumhypochlorit]*; ferner vom Gebrauche der dunstförmigen Säure* [gemeint ist das Chlorgas]*, und endlich auch von der Tennantschen Lauge, oder von der mit kalischen Erden verbundenen Säure* [Calciumhypochlorit]*. Kupfer fehlen hier; und die Leser müssen schon mit dem algemeinen dieser Arbeiten bekant seyn. Hr. W. hat den Vorsatz, seine Erfahrungen über diese Art zu bleichen künftig, in einem besondern Buche, bekant zu machen.*

Aus den „Annalen der niedersächsischen Landwirthschaft" Band 6, 1. Stück, S.7-8, 1804) hrsgb. von A. Thaer und J. E. Beneke:

Die Materie, welche der Verf. in diesem Buche ausführt, verdient die Beherzigung aller, welche gemeinnützig auf ihre Mitbürger wirken, und die mühsamen, kostspieligen und umständlichen Wege, welche der Arbeiter in Künsten und Gewerben oft gehen muß, erleichtern und abkürzen wollen. Es redet hier kein Theoretiker, der aus fremden Quellen das Brauchbarste schöpfte, sondern eigene, auf langjährige Ausübung gegründete und erprobte Erfahrung. Die Schrift ist nach den Grundsätzen abgefaßt, nach welche jede, für die arbeitende Classe unsrer Mitbürger bestimmt Schrift abgefaßt seyn sollte. Man wird darin viele noch unbekannte Vortheile bey diesem Geschäfte finden, wofür sich mancher Schriftsteller die Entdeckung theuer bezahlen lassen würde. Ihr Vortrag ist kurz, deutlich, bestimmt, und durchaus wahr, so daß Jeder der mitgetheilten Anweisung nachabeiten wird, wenn es sich nur pünktlich daran hält.

Sie verdient daher in allen Haushaltungen, die büken und bleichen lassen, empfohlen zu werden.

Im „Magazin für Färber, Zeugdrucker und Bleicher" schrieb der Herausgeber Sigismund Friedrich **Hermbstädt** (s. S. 154) im Band 1 (1802, S. 309):

„Der verdienstvolle, berühmte, um die technische Chemie so überaus verdiente Verfasser, liefert in diesem wichtigen Werk eine Darstellung der Kunst zu bleichen, mit ganz besonderer Rücksicht auf die leinen Waaren, wie wir ihm noch keine andere aufzuweisen haben. Zu einer Entwickelung des Inhalts ist hier kein Raum. Es verdient von jedem Bleicher gelesen und studirt zu werden."

Über die Rezensenten

Sigismund Friedrich HERMBSTAEDT (1760-1833) studierte Medizin und Pharmazie an der Universität Erfaurt, arbeitete als Apotheker in Hamburg und Berlin und wurde 1791 o. Prof. der Chemie und Pharmazie am Collegium Medico-Chirurgicum sowie ab 1809 o. Prof. für Chemie u. technologie an der neugegründeten Universität Berlin.

Johann BECKMANN (1739-1811) war ab 1766 Professor an der Universität Göttingen, ab 1777 o. Professor für Ökonomie. Er gilt als einer der Begründer der wissenschaftlichen Warenkunde.

Johann Beckmann   Sigismund Friedrich Hermbstädt

Albrecht THAER (1752-1828), ursprünglich Arzt, wirkte als Landwirt, war 1810 bis 1819 Professor in Berlin, gründet 1806 die erste höhere landwirtschaftliche Lehranstalt. Er übertrug naturwissenschaftliche Erkenntnisse in die praktische Landwirtschaft. Mitherausgeber Johann Conrad BENEKE (1755-1808) war ein angesehener Jurist.

Albrecht Danile Thaer

Literaturangaben

Bereits 2001 veröffentlichte ich zum 250. Geburtstag von Westrumb die Schrift „Berühmte Raths-Apotheker in Hameln. WESTRUMB (1751-1819) und SERTÜRNRT (1783-1841) im HisChymia Buchverlag Seesen – mit freundlicher Unterstützung des verstorbenen Hamelner Apothekers Eike KERSTEIN (1938-2016). Die Raths-Apotheke in Hameln ist seit 1890 im Besitz der Familie Kerstein.

In dieser Schrift sind die damals zu ermittelnden Veröffentlichungen von Westrumb im Anhang aufgeführt.

Heute können wir einen großen Teil davon in digitalisierter Form direkt über die Internet-Adresse

https://de.wikisource.org/wiki/Johann_Friedrich_Westrumn

einsehen.

Die meisten der dort verzeichneten Werke sind im Digitalisierungszentrum der Bayerischen Staatsbibliothek in München eingescannt worden.

Das Verzeichnis auf den folgenden Seiten – nach Erscheinungsjahr geordnet – wurde 2001 anhand der Angaben im **Gesamtkatalog deutscher Bibliotheken GBV** erstellt.

Über die Publikationen zu den Quellen in Rehburg, und Eilsen habe ich in meinem Buch *Gesundbrunnen im Schaumburger Land. Rehburg, Rodenberg, Nenndorf, Eisen. Ausflüge in die Geschichte* (2017 u. 2018) berichtet.

Über den Brunnen in Niederselters erschien von mir das Buch *Berühmte Chemiker und Mediziner über den Selters Brunnen* (2013). Auch in dem Buch *Zur Geschichte und Chemie der Mineralwässer* (2018) wird über Westrumb berichtet.

Gesamtkatalog deutscher Bibliotheken (GBV)

WESTRUMB, Johann Friedrich (1751-1819; Apotheker in Hameln, Chemiker, Kgl. Bergcommissar u. Senator)

1785   Kleine physicalisch-chemische Abhandlungen (Leipzig)

1788   Kleine physicalisch-chemische Abhandlungen / aus den chemischen Journalen ges. und mit einigen Verb. und Anm. hrsg. (Leipzig)

1788   Physicalisch-chemische Beschreibung von der Lage und den Bestandtheilen des Driburger Mineralwassers

1789   Physicalisch-chemische Beschreibung der Mineralquellen zu Pyrmont (Leipzig)

1791   Geschichte der neu entdeckten Metallisirung der einfachen Erden: nebst Versuchen und Beobachtungen (Hannover)

1793   Versuch eines Beitrages zu den Sprachbereinigungen für die deutsche Chemie (Hannover)

1793   Chemische Abhandlungen

1793   Bemerkungen und Vorschläge für Brannteweinbrenner (Zweite verbesserte, vermehrte und mit Anmerkungen von Herrn Apotheker Grave versehene Auflage. Mit einem Kupfer (Hahn, 1796)

1795   Handbuch der Apothekerkunst für Anfänger (2. Aufl. 1799)

1797   Von der neuen muriatisch-salinischen Mineralquelle zu Pyrmont

1797   Bemerkungen über Arzney-Taxen und deren Veränderung /Veranlasset durch die neuesten ueber diesen Gegenstand erschienenen Schriften insbesondere durch die Concurrenzschrift von He. J. zu L. Auf ausdrückliche Veranlassung der Königlichen Societät der Wissenschaften zu Göttingen verfasset und zum Druck befördert (Göttingen)

1800   Bemerkungen und Vorschläge für Bleicher (Hannover)

1805   Beschreibung der Gesundbrunnen und der Schwefelbäder zu Eilsen in der Grafschaft Schaumburg (Helwingsche Buchhandlung, Hannover)

1813 Beschreibung von Selters /Dem Herrn Ferd. Wurzer zur
      Pruefung vorgelegt ... (Marburg)
1815 Handbuch der Apothekerkunst; In sechs Abtheilungen.
      Wohlfeile mit Kupfern und Tabellen versehene Ausgabe nebst
      einem Anhange, welcher die neuesten und wichtigsten
      Entdeckungen enthält. (Hannover)
1818 Ueber Glasbereitung, deren Verbesserung und Verwohlfeilung:
      Nebst Bemerkungen, die Kalien-Scheidung aus verschiedenen
      Mittelsalzen betreffend; Eine ... technisch-chemische Schrift
      (Hannover)
1818 Beschreibung einer Malzdarre und eines Malz-Trockenofens
      für Bierbrauereyen, Essigbrauereyen, Branntewein-
      Brennereyen: Nebst Bemerkungen über Malz- und Hefe-
      Bereitung; M. Zeichnungen (Hannover)
1818 Beschreibung einer sehr vortheilhaften Essig-Fabrik und der
      erforderlichen Geräthe: Nebst Anleitungen zur Verfertigung
      vielfacher Essig-Arten ... (Frankfurt a. M.)
1819 Ueber das Bleichen mit Säuren nach französischen und
      englischen Vorschriften nebst Beschreibung des besten
      Bleichverfahrens
1827 Materialien für Branntweinbrenner oder Bemerkungen und
      Vorschläge über die Verbesserung des Brenngeschäftes ...; Aus
      den hinterlassenen Papieren des Dr. Joh. Friedr. Westrumb's ...
      gesammelt u. hrsgb. v. Dr. A. H. L. Westrumb (Hannover)